애플은 왜
제품이 아니라
브랜드텔링에
집중했을까?

애플은 왜
제품이 아니라
브랜드텔링에
집중했을까?

염승선(비오) 지음

책들의정원

브랜드가 지닌 진실된 가치

브랜딩에 대해 말을 하기 시작하면 사람들이 의례적으로 연상하는 것이 마케팅이다.

'브랜딩은 마케팅에 포함되는 것이다' 혹은 '마케팅 방식 중에 하나다'라며 브랜딩과 마케팅을 동일시하는 경향이 있다.

결론부터 얘기하면 브랜딩과 마케팅은 전혀 다른 별개의 개념이다.

마케팅이 유형자산가치 획득이 중심이라면 브랜딩은 무형자산가치가 얻고자 하는 주된 가치이다. 마케팅은 전략을 수립하고 실행하면 마케팅의 시작이지만 브랜딩은 간판을 달면 그때부터가 시작이다. 마케팅이 만들어내는 것이 이미지라면 브랜딩이 만들어내는 것은 실체 그 자체다.

마케팅과 브랜딩은 차이가 나는 것이 아닌 차원이 다른 이야기이다. 따라서 '브랜드 마케팅'이라는 용어는 엄밀히 말해 마케팅인 셈이다.

브랜드의 시작은 의외의 상황에서 출발되었다.

고대 노르웨이에서는 소의 엉덩이에 불로 달군 쇠도장으로 낙인을 찍어 자신의 소유를 표시하는 행위를 태운다는 의미의 brandr이란 단어를 사용했다. brand의 시작이다. 어원의 근거로 보면 브랜드는 집집마다 자신의 소라는 것을 표시하여 구별하기 위해 생겨났다.

시대가 흘러 사람들의 삶이 바뀌면서 브랜드의 역할도 바뀌었다. 구별distinguish의 표식에서 더 좋은 물건을 알아볼 수 있게 하는 차별differentiation의 표식으로 바뀐 것이다. 이 변화는 브랜드에 혁신을 가지고 온다.

'물건이 브랜드를 만들고 브랜드가 물건을 만든다.'

브랜드 물건의 가치를 위해 더 좋은 물건들이 만들어 졌고 경쟁브랜드보다 더 좋은 물건을 만드는 데 노력을 아끼지 않았기 때문이다.

매체가 변하고 물건이 변하며 현재의 브랜드는 하나의 언어가 되었다. 사람들은 브랜드라는 언어를 통해 쉽고 빠르게 이름과 정체성identity, 가치value를 인식해 자신이 선호하거나 필요로 하는 것을 정확하게 취사선택할 수 있게 되었다.

브랜드가 언어가 되면서 가장 필요로 하게 된 것이 브랜드와 사람 간의 소통이다. 그로 인해 브랜드의 말을 정확하게 전달하고 사람들에게 이해시키는 '브랜드가 말하는 방법'에 대한 필요가 생겨났다. 그 방법이 바로 '브랜드텔링Brandtelling'이다.

《애플은 왜 제품이 아니라 브랜드텔링에 집중했을까?》는 브랜드가 사람들에게 언어적, 비언어적으로 말하는 방법을 설명하고 역사적 사실, 사례, 인문학적 사례 등을 통해 브랜드에 대한 통찰에 도움을 주기 위해 쓴 글이다.

글의 순서도 브랜드, 브랜드텔링, 우수 브랜드 사례 순으로 구성하여 일반인도 쉽게 접하고 재미를 느낄 수 있는 내용으로 설명하고 있다.

1장은 브랜드의 탄생과 역사, 그에 따른 브랜드의 정의에 대해 설명하고, 가장 기본적으로 알아야 하는 '브랜드명'과 브랜드를 지탱하는 '브랜드 정신', 브랜드가 사람에게 인식되어 기억에 남는 '브랜드 정체성'에 대해 간략하고 이해하기 쉽게 설명하여 브랜드텔링에 대한 내용의 이해를 돕는다.

2장은 브랜드텔링의 소재가 되는 글꼴, 단어, 행동이 수반되는 메시지, 숫자, 공간, 브랜드가 담아야 할 사람 등으로 브랜드텔링하는 방식을 사례와 더불어 설명하고 인문학적인 부분의 통찰로 명확히 이해하도록 했다.

3장에서는 효율적으로 브랜드텔링하는 브랜드를 이야기하고 있다. 다수의 매체에 적절한 방식으로 소통하는 우수 브랜드를 선정해 브랜드텔링을 어떤 방식으로 하고 있는지 설명함으로써 우수한 브랜드텔링 방식을 엿볼 수 있도록 하였다.

이를 통해 브랜드가 가지고 있는 진실된 가치를 소비자에게 효율적으로 전달하는 것이 브랜드텔링이라는 것을 독자들은 알 수 있을 것이다.

수많은 브랜드가 우리를 둘러싸고 있다. 그 안에서 우리와 진정으로 소통하기 위해 노력하는 브랜드가 무엇인지 구별하고 좋은 브랜드와 만나 새로운 문화를 꽃피우는 데 도움이 되기를 바란다.

2018년 6월
염승선(비오)

Contents

3장 브랜드텔링에 집중한 브랜드들

1장

구별에서 차별로, 그리고 언어로…

브랜드의 시작은 낙인

브랜드 인문? 브랜드 입문!

늘 그렇듯 삶은 필요를 만들어낸다. 그리고 사람은 필요와 욕구를 충족시킬 무언가를 발견하거나 발명하며 삶을 이어 왔다. 동물의 힘을 빌거나 도구의 편의를 취하는 것은 삶을 더욱 편안하게 만드는 방법이었을 것이다.

인류가 여러 가지 이유로 동물을 사육하기 시작한 건 만천 년 전에서 만 년 전 사이라고 한다. 인류는 기원전 9천 년경 농경사회가 시작되기 전까지 유목 생활로 이리저리 옮겨 다니며 동물을 사육했다. 그런데 자신이 키우는 동물과 타인의 동물을 구별하기가 쉽지 않다 보니 서로 자기의 동물이라고 우기는 분쟁이 있었던 모양이다. 이로 인해 가축에 자신의 사유재산임을 알릴 표식을 새길 필요가 생겼을 것이다. 그들은 지워지지 않고 바꾸기도 힘든 표식을 새기는 방법을 만들어낸다. 가축의 살이 많은 부분에 불에 달군 금속으로 피부를 태워 자신의 소유임을 표시하는 것이다. 가족 같은 동물의 생살을 지지며 그들은 얼마나 속이 상했을까? 그럼에도 불구하고 이

올각
engrave

가축을 구별하기 위한 낙인 찍기

방법은 소유를 표시하는 방법으로 널리 쓰였고, 이후 브랜드의 유래가 되었다 한다. 고대 노르드어의 '태운다' 혹은 '낙인'이라는 뜻의 단어 'brandr'가 브랜드의 어원이 되었다는 것은 브랜드 탄생설 중 가장 지배적이다. 이때 낙인된 브랜드는 가축에 주인의 이름 또는 가족을 상징하는 것을 표시하여 구별했을 것이다.

고대 이집트에서는 약 4천 년 전 소의 엉덩이에 왕립 농업 관리 Royal Agriculture Administration를 의미하는 상형문자 낙인을 찍었다. 짐작건대 당시의 소들은 왕의 이름으로 관리되던 것일 터다.

로마의 도기 인장과 제빵 인장

　　로마에서는 가축 이외의 물건에도 음각으로 찍힌 인장이 발견되기도 한다. 2,500년 전 로마에서는 도기에 인장을 찍어 만든 이를 표시하였다. 나폴리 박물관에는 폼페이 화산 폭발 당시 그들이 먹었던 빵이 화석화되어 보관되어 있는데 이 빵에도 브랜드로 보이는 인장이 찍혀 있다. 브랜드가 찍혀 있는 인장을 보면 찍히는 대상이 다를 뿐 방식은 소의 엉덩이에 찍힌 것과 동일하게 음각으로 된 것을 알 수 있다.

　　음각은 파내거나 긁어내지 않는 한 쉽게 지워지거나 없어지지 않는 방식이다. 이전의 관습에 따라 응용한 것일 수도 있지만 누군가가 쉽게 변조하거나 없애지 못하도록 하는 의지가 엿보인다. 인장이 사용된 초기의 유물들은 그것이 구별을 위해 필요했던 것임을 충분히 말하고 있다.

　　소유를 위해 생겨났던 구별은 시간이 지남에 따라 자연스럽게 다른 역할을 하게 되었다. 좋은 것과 나쁜 것을 구별하여 물건을 고

낙인의 음각에서 양각과 인쇄로 바뀌어간 브랜드 로고

르는 징표가 된 것이다. 이왕이면 좋은 것을 갖고 싶어 하는 사람들
은 좋은 물건의 상징을 기억해 두었다가 그 상징이 찍힌 물건을 찾
았을 것이다. 그러다 보니 물건을 만들고 자신의 인장을 찍는 사람
은 더 좋은 물건을 만들기 위한 노력을 아끼지 않았을 것이 분명하
다. 사용하는 사람과 맺은 하나의 약속처럼……. 그래서 더 좋은 물
건을 만드는 것에 책임감을 느꼈을 것이다.

물건이 브랜드를 탄생시키고
브랜드는 물건을 재탄생시킨다.

새로운 기능과 가치가 차곡차곡 쌓인 물건은 삶의 필요를 채운 지혜로 전승되며 브랜드의 DNA가 된다. 인류가 생존을 위한 삶의 지혜를 전달하듯 브랜드에 담긴 지혜도 같은 역할을 하는 것이다.

인류의 지혜는 언어가 생기기 이전에는 행동을 통해 전달되었고, 언어가 생긴 후에는 입에서 입으로, 글이 생긴 후에는 글로 전해져 왔다. 이렇게 전달되는 매체를 바로 이야기라고 한다. 이야기에는 사람들이 살면서 알게 되는 괴로움 혹은 갈등, 적에 대한 것 등이 있고 그것을 해소하는 방법들이 나온다. 사람들은 그 해결 과정과 결과에서 희로애락이나 카타르시스를 느낀다.

브랜드의 지혜도 그들의 삶을 그대로 닮았기에 이야기로 전해지기 시작한다.

병에 걸린 어떤 사람_{문제}이 마셨던 물이 그를 치료했다_{문제의 해결:} _{에비앙}든가, 아무도 구하지 못하는_{희소성} 러시아 황실의 조향사가 만든 향수를 구해서 귀한 당신에게만 판매한다_{귀한 선물: 샤넬 No.5}든가 하는 그런 이야기들이 바로 브랜드의 이야기들이다.

브랜드는 이야기를 타고 사람들에게 전해지고,
이야기는 브랜드를 이야기의 주인공으로 만든다.

그리고 삶을 살아가며 풀어야 할 문제와 삶에 필요한 지혜로 사람들의 마음속에 안착한다. 그래서 브랜드의 이름을 듣거나 떠올리면 이야기가 꽉 차게 다가온다.

삶 속에서, 이야기 속에서 브랜드와 함께 희로애락을 경험한 사람들은 브랜드에 하나의 상을 갖는다. 마치 브랜드에 영혼이 있는 것처럼. 사람들에게 각기 다른 성격과 성향을 느끼듯이 브랜드에게도 비슷한 감정을 느끼고, 브랜드를 사용하면서 동질감을 느끼게 된다.

스타벅스에서 아메리카노 한 잔과 애플 노트북을 펴 놓고 앉아 있으면 디지털 시대의 크리에이티브 노마드라고 느끼고, 현대카드를 사용하면 돈을 쓰는 사람이라기보다 문화를 즐기기 위한 가치를 지급하는 문화 향유자라고 생각하게 되는 것처럼 그 브랜드의 물건이나 서비스의 사용이 곧 자신을 표현한다고 느낀다.

브랜드가 사람들 사이에서 소통되는 또 하나의 언어가 된 것이다.

브랜드 이름 하나만으로 말로 표현하기 어려운 느낌들이 소통되고, 아주 빠르고 정확하게 의미가 전달되어 완벽하게 이해되는 제3의 언어가 된다. 사람들은 이 언어로 시간을 절약한다. 브랜드의 언어만 믿고 구매하고 그 이야기 속에 있는 브랜드를 사랑하게 되기도 한다. 그래서 브랜드는 항상 이긴다. 언제나 더 좋아하는 쪽이 약자니까…….

크리에이티브 노마드의 상징, 스타벅스 커피와 애플 노트북

　새로 만들어지는 브랜드들은 브랜드 언어가 가지는 강력한 힘을 알기에 슬로건이나 캐치프레이즈로 브랜드가 가진 가치를 알리고 사람들에게 빠르게 기억시키려 한다. 그래야 브랜드가 사람들 속으로 들어가 새로운 언어가 될 수 있기 때문일 것이다. 하지만 그 브랜드의 슬로건, 캐치프레이즈가 아무리 좋다 한들 정말로 그런 가치를 갖고 있는 것과 가진 척하고 있는 것을 사람들은 기가 막히게 알아본다. 왜냐면 브랜드가 사람의 삶과 함께하며 사람을 닮기 때문이다.

**그래서 사람에 대해서 제대로 아는 것이
브랜드를 잘 만들고 키워 가는 지름길이다.**

> 인문학에서 인문人文, 즉 삶이 그리는 무늬란 것은
> 인간의 동선이란 말을 고상하게 표현한 것이다.
> 동선이란 사람들이 뭘 좋아하고 싫어하는지,
> 삶에서 어떤 것에 의미를 부여하는지 같은 것들이다.

서강대학교 철학과 최진석 교수의 말이다. 이 글에서 가장 인상 깊은 내용은 인문이란 '인간과 인간의 삶이 그려내는 무늬'라는 것이다. 인문학은 그런 것이다. 사람들이 어울려 살면서 그려내는 삶의 그림들, 혹은 삶의 정보들이나 삶의 지혜들…… 그리고 그 동선들…….

결국, 사람을 닮은 브랜드가 엮어 나가는 세상을 브랜드 인문이라고 할 수 있지 않을까.

브랜드의 중심이 사람이라는 것은 사람을 아는 것이 브랜드를 제대로 아는 첫걸음이라는 역설이기도 하다.

이름에 쌓이는 가치

기억의 시작

"브랜드가 뭐죠?"

가끔 듣는 질문이다.

1997년 IMF 이후 '브랜드'라는 말이 급물살을 타고 한국인들의 삶 전반으로 파고들어 일상의 언어처럼 사용되고 있음에도 이 질문에 답하기가 쉽지 않다. 그래서 궁여지책으로 마케팅과 브랜딩을 비교해서 설명하곤 한다.

"마케팅과 브랜딩은 다릅니다."

"마케팅은 마케팅 전문가가 전략을 수립하고 실행하면 시작이지만 브랜딩은 브랜드가 간판을 달면 그때부터 시작입니다.

마케팅은 수익에 무게를 두지만 브랜딩은 무형자산가치의 제고에 무게를 둡니다."

이런 설명을 하고 나면 대부분의 사람은 의자를 당겨 앉고 집중하며 관심을 두기 시작한다. 간판을 달면 시작되고, 그 브랜드에 쌓여야 하는 것이 무형자산가치_{사랑, 신뢰, 존경 등}이다 보니 브랜드에서 무엇보다 중요한 것은 이름이다.

이름은 존재의 시작이고 기표_{記表}이며
무형자산가치를 담아둘 그릇이기 때문이다.

이름은 그 어원이 '일ᄒᆞ다'에서 파생된 '일홈'이라고 학자들은 주장한다. 그 의미가 '부르다'이니 이름은 부르기 위해서 만들어진 모양이다. 이름을 부르면 그 둘 사이에 변화가 일어난다.

> 내가 그의 이름을 불러 주었을 때
> 그는 나에게로 와서 꽃이 되었다.
> — 김춘수, '꽃'

어린 왕자와 꽃

브랜드가 하나의 이름으로 불리면 그 이름은 사람들의 의식과 무의식 속에 자리 잡고, 불러준 사람에게 의미가 되어 기억의 일부가 되기 시작한다. 의식 혹은 무의식 속에 쌓인 기억들은 쉽게 고쳐지거나 바뀌지 않는다. 이름과 더불어 그 브랜드의 본질 혹은 정체성이 쌓여 가기 때문이다. 그것이 긍정의 가치든 부정의 가치든 상관없이 그 브랜드의 무형 자산이 되어 간다.

이름에 관해 남다른 생각을 하는 한 디자이너가 있다.

> 사물은 우리가 이름을 붙여주고 그것을 인정해줄 때만 존재한다.
> 사물에 이름을 붙이는 것은 그것만의 고유한 성격을 부여하는 의식이고
> 사물은 우리가 그 이름을 불러주고
> 알아줄 때 우리의 의식 속으로 들어오며, 따라서
> 우리의 관심을 받고 사랑의 의무를 일깨워준다.
> — 필립 스탁, 프랑스 디자이너

필립 스탁은 자신이 디자인한 파리채Dr. Skud에 노섬브리아Northumbrian, 고대 영어 네 가지 방언 중 북부 지방에서 사용된 방언 단어로 '때리다'를 의미하는 Skud와 박사를 의미하는 Dr. 를 붙여 천연덕스럽게 생명을 불어넣었다. 단어의 의미를 아는 사람들은 '때리는 데 박사구만!' 이라 할 만하다. 필립 스탁은 Dr. Skud에 자기 친구의 얼굴을 새겨 넣었다. 아마도 사용하는 사람에게 친근감을 전하고 싶었던 모양이다.

문에 기대어 닫히지 않도록 하는 'dede'는 숲에서 사람을 지키는 정령의 이름을 갖고 있어 그런지 왠지 문에서 나를 지켜주는 것만 같다. 친구, 수호천사 등 필립 스탁은 사물에 사용하는 '나'를 '누구'의 형상이나 이름을 이용해 관계를 맺어주려는 의도를 갖고 있다. 구석에 놓여 먼지가 쌓여 가는 '무엇'이 아니라 내 시야에 놓고 먼지를 털어주어야 하는 '누구'가 되도록 하는 것이다. 털어주고 닦아주며 매만질수록 사람과 브랜드 사이엔 '애정'이 싹트게 될 것 아니겠는가.

(좌)Dr. Skud, (우)dede

살펴봤듯이 '기억' 속에서 브랜드의 이름은 본질과 정체성뿐만 아니라 친근함, 애정 등을 이어주는 연결고리이며, 그 이름 안에 긍정적·부정적인 여러 가지 무형의 감정들을 담는 그릇이 된다. 이름에 연결된 혹은 담긴 이 무형의 것들은 겉으로 보이지 않지만, 브랜드에 있어서 대단히 중요하다. 이는 브랜드에 대한 신뢰, 사랑, 존경을 만드는 재료임과 동시에 불신, 미움, 경멸을 만드는 원천이 되기 때문이다.

전 토크쇼 진행자 오프라 윈프리Oprah Gail Winfrey는 이름에 담기는 가치를 여실히 보여준다.

오프라 윈프리는 지역 뉴스 공동캐스터를 거쳐 시카고에서 낮은 시청률을 가진 아침 토크쇼 〈에이엠 시카고AM Chicago〉의 진행자로 발탁된다. 그녀가 가진 특유의 카리스마와 타인에 대한 공감으로 토크쇼는 한 달 만에 최고의 시청률을 기록한다.

잘 나가던 그녀는 이후 시련과 마주하게 된다. 그녀의 가족 중 한 명이 〈타블로이드Tabloid〉지를 통해 그녀의 숨겨 왔던 비밀을 폭로했기 때문이다. 오프라는 더는 감추지 않고 자신의 토크쇼에서 대중들에게 모든 것을 밝힌다. 사생아로 태어나 친구나 친척에게 성적 학대를 당하고 미혼모가 된 사연과 2주 만에 아이를 하늘로 보내며 충격을 받아 가출과 마약을 일삼았던 과거들……. 그 모든 어둠을 솔직하게 털어놓았다.

사회적 맹비난이 쏟아질 수도 있는 이 사건에 반전이 일어난다. 그녀의 솔직한 고백에 사람들이 비난보다는 지지로 답했기 때문이다. 모든 것을 털어놓았고 모든 것을 내려놓았던 그녀는 이 사건으로 많은 치유를 받았다. 이 경험을 토대로 오프라는 상처받은 사람들을 토크쇼 무대로 초대한다. 그리고 초대받은 이들은 오프라가 그랬듯 많은 사람 앞에서 고백하는 것을 통해 치유받고, 이 모습을 보는 사람들도 자신의 상처가 치유되는 경험을 하게 된다. 이 대단한 현상들은 오프라피케이션Oprahfication, 집단 치료의 하나로 대중들 앞에서 고백함으로써 치유되는 현상이란 신조어를 탄생시키기도 했다.

미국인들에게 'Oprah'라는 이름은 'truth'와 동일시된다고 한다. 오프라가 하는 말은 모두 '진실'이며 모든 행동 또한 '진실'이다. 그래서 오프라가 추천하는 모든 것이 '진실'한 것들이 된다. 오프라가 추천하는 책엔 OPRAH's Book Club 마크가 인증처럼 인쇄되고 날개 돋친 듯 팔려 나가게 된다. 이것이 이름에 담긴 '무형자산가치'의 힘이다.

책 만 권을 소유하고 판매하는 사람은 최대 만 권을 판매하면 그뿐이지만, 'OPRAH'란 이름은 책의 권수도, 대상도 제한이 없다.

유형자산가치는 유한하지만
무형자산가치는 무한하다.

무한한 무형자산가치를 담는 것도 이름의 몫이며 이를 알리는

오프라 북클럽 로고와 오프라 북클럽 추천 서적

것도 이름의 몫이다. 이름은 그런 모든 것에 대한 '기억'의 시작이기 때문이다.

　예전엔 이름을 바꾸면 운명이 바뀐다는 말을 들으면 속으로 웃었다. 그런데 우습게 볼일이 아닌 듯하다.

이름도 운명을 바꿀 수 있는 것 같다.

브랜드에 빛깔과 향기를 더하다
무언가의 상징이 되고 싶은가?

단 두 단어, 한 줄의 문장.

이를 생각해낸 건 정말 돌발적이고 즉흥적이었던 듯하다.

겨우 'Think different^{다른 생각}'이란 한 문장이 세상을 '다르게' 만들 것이란 예상을 한 사람도 많지 않았을 것이다. 어쩌면 비웃음을 샀을 수도 있을 터다. 감히 넘을 수도 없는 규모와 절대 무너뜨릴 수 없는 튼튼함을 가진 경쟁사 IBM이 'Think'라는 단어를 독식하며 승승장구하고 있을 때 42세의 잡스가 애플의 광고 카피로 생각해낸 것은 크고 강한 상대의 단어에 반反하는 객기로 역행하며 도전하는 마음이었으리라.

'Think Different'

Think different 캠페인 광고 포스터

그렇게 시작한 광고 카피는 브랜드 콘셉트가 되고 브랜드 철학
이 되어 간다.

한 줄의 문장은 브랜드를 '다름'으로 이끌고 메시지가 되어 '다름'
을 찾는 사람과 브랜드를 연결해주었다. 그리고,

Apple은 세상에 '다름'을 만들어낸다.

'다른 생각'으로 '다름'을 만들어 낸 제품들······.

'기억'이 되기 위한 브랜드의 이름엔 브랜드를 이끌어 갈 정신이 필요하다.

브랜드의 정신은 브랜드가 살아가는 동안 빛깔과 향기가 된다.

> 내가 그의 이름을 불러준 것처럼
> 나의 이 빛깔과 향기에 알맞은
> 누가 나의 이름을 불러다오.
> 그에게로 가서 나도
> 그의 꽃이 되고 싶다.
> ─ 김춘수, '꽃'

브랜드의 정신을 표현하는 단어들이 여러 가지가 있다. 콘셉트, 철학, 핵심에센스 등······.

의미는 조금씩 다르지만, 브랜드의 기준과 방향을 만들어내는 단어들이다.

기준은 브랜드의 관점을 만들어내고, 방향성은 브랜드가 행동하는 지침을 만들어 준다.

브랜드는 점점 자신의 빛깔과 향기를 만들어 가고 그 빛깔과 향기에 매료된 이들은 브랜드 곁으로 모이게 된다. 브랜드는 그들과 함께 주고받으며 운명을 만들어 간다.

> 생각이 바뀌면 언어가 바뀌고
> 언어가 바뀌면 행동이 바뀌고
> 행동이 바뀌면 습관이 바뀌고
> 습관이 바뀌면 인격이 바뀌고
> 인격이 바뀌면 운명이 바뀐다.
> — 윌리엄 제임스, 미국의 심리학자

'바른 먹거리 풀무원'은 오늘도 깨끗하고 신선하고 건강한바른 국산 재료를 사용한 상품먹거리을 생산하는 것이 제1원칙이다. 제1원칙에 벗어난 상품은 다른 브랜드명찬마루을 사용해서라도 자신의 원칙을 지켜나갔다.

'Imagination at Work'이란 정신을 가진 GE는 자기 일에서 상상을 현실로 바꾸는 것이 목표이다. 그리고, 각 계열사는 상상을 현실로 만들어내고 있다. 각자가 맡은 일에서 상상을 현실로 이루어 낸다면 결과는 상상만 해도 즐겁다. 다양한 카테고리의 계열사를 소유한 GE에겐 딱 맞는 기준인 듯하다.

(좌)GE의 imagination at work 캠페인, (우)풀무원 바른먹거리 캠페인

풀무원이란 이름은 올바른 우리나라 먹거리를 판매하는 고유명사가 되고 GE는 내 꿈을 이루어줄 수 있는 기대와 희망의 상징이 되

어 간다.

그러므로 브랜드의 정신에는 사람들이 필요로 하는 것이 표현되어야 한다. 그들이 필요로 하는 것이 곧 '가치'가 되고 후에는 그런 '가치'의 고유명사가 되기 때문이다.

자주 바뀌지 않아야 한다. 하나의 메시지도 사람들에게 기억되는 데 오랜 시간과 많은 노력이 필요하다. 그러니 자주 바뀌는 메시지는 듣는 사람에게 더 많은 혼동을 주기 마련이다.

무엇보다도 지키지 못할 정신을 말해서는 안 된다.
자칫 거짓말쟁이가 되거나 이중인격자가 될 수 있으니까.

만일 내가 스스로 가져야 할 정신과 신념을 상징하는 모자를 쓰고 산다면 '나'의 마음가짐은 어떨까? 실제로 그런 모자가 있었고 항상 쓰고 산 사람들이 있다.

조선의 임금님들은 늘 매미 날개 형상의 '익선관翼蟬冠'을 썼다 한다. 익선관은 한자대로 풀이하면 '매미 날개 모자'이다. 언뜻 보니 매미를 닮은 것도 같다.

매미 날개와 임금님은 어찌 보면 무게와 분위기가 전혀 어울리지 않는다. 하지만 익선관은 임금이 백성을 다스릴 때 항상 매미의

익선관翼蟬冠

오덕五德을 잊지 말라는 의미가 담겨 있다고 한다. 집을 짓지 않는 검소함儉, 맑은 이슬과 나무 진액만 먹는 맑음淸, 곡식을 해치지 않는 염치廉, 매미의 입이 선비 갓끈 같으니 항상 배우는 자세文, 때를 맞춰 죽는 신의信 등이 오덕이라 한다. 임금님과 매미 날개 모자 사이엔 백성을 위해 꼭 갖추어야 할 정신이라는 연결고리가 있었던 것이다.

그러고 보니 고조선부터 조선으로 이어지는 역사 속 왕을 생각하면 제일 먼저 익선관의 모습이 떠올랐던 것 같다. 적어도 나의 기억 속엔 '왕'하면 상징처럼 떠올랐던 모양이다. 익선관이 담고 있는 백성을 사랑하는 마음의 무게 때문이 아닐까?

빨간 옷의 산타클로스를 창조한 코카콜라
'나' 다운 것

건물 사이로 포물선을 그리며 활공하는 스파이더맨은 아이들의 영원한 우상이다. 어렸을 적의 나도 그 아이들 중 하나였다. 2002년 스파이더맨이 셈 레이미 감독에 의해 영화로 재탄생했을 때 가슴을 두근거리며 영화를 보았던 기억이 난다.

유전자가 조작된 슈퍼 거미에게 물려 우연히 초인적인 힘을 얻은 주인공^{피터}은 어느 날 강도의 범죄를 방관한다. 그 후 주인공의 삼촌이 그 강도에게 살해당함으로써 주인공은 각성하고 히어로의 삶을 살게 된다.

죽기 전 유언처럼 남긴 삼촌의 말은 피터에게 각인되어 세기의 히어로를 탄생시키는 정신이 된다.

위대한 힘에는 위대한 책임이 따른다.

위대한 힘에 주어진 책임은 피터의 삶을 고되게 만든다. 일상에서 피터는 소시민으로서 피자 배달 일을 하며 고단한 삶을 살아가고 범죄가 발생하면 스파이더맨이 되어 범죄자를 처단한다. 하지만 언론은 스파이더맨도 다 같은 악당이라며 호되게 몰아붙인다. 얼마나 속상했을까? 그를 더욱 궁지로 몰아붙인 건 자신의 정체를 숨겨야 하기에 사랑하는 이가 떠나는 것을 그저 지켜볼 수밖에 없다는 사실이다.

심각한 생활고, 악당이라 오해하는 사람들, 사랑하는 사람과의 이별…….

지쳐버린 그는 자신이 지켜 온 무거운 책임을 저주하며 놓아버리고 싶어 한다. 그 후 그에게 심각한 변화가 일어난다. 손목에서 나오던 거미줄이 나오지 않고, 손바닥 흡착 능력마저 사라져 버린 것이다.

영웅의 정체성 혼란으로 인해 위대한 힘이 사라지고 있었다.

스파이더맨의 능력을 좌지우지하는 정체성^{identity}이란 무엇일까?

1986년 하버드 대학교 정신분석학 교수 에릭 에릭슨^{Erik Homburger Erikson}은 한 개인이 타자^{他者}와 구별되는 고유의 존재라는 것을 설명하는 정체성이란 용어를 제안한다.

사람이 살아가는 동안 얻어지는 자신만의 고유하며 독자적이고 일관성 있는 본원적 성격이 정체성이다. 한 사람의 정체성은 다른 사람들과의 관계 속에서 인정받을 때 비로소 완성된다. 그래서 타인에게 기억되고자 하는 자신만의 모습이 있다면 그들에게 인정받기 위해 끊임없는 노력을 해야 한다.

결국, 정체성은 힘을 내는 원천이 된다.

브랜드도 다르지 않다. 정신콘셉트, 철학, 핵심으로 무장한 브랜드는 사람들에게 그 가치 혹은 정체성을 인정받기 위해 여러 가지 방법으로 끊임없는 노력을 해왔다. 브랜드는 가끔 독특한 시각적인 요소를 아주 잘 활용하여 정체성을 유지한다. 시각적 요소를 활용한 정체성은 사람들에게 가장 직접적이고 빠르게 인지시킬 수 있기 때문이다. 시각적 요소에 브랜드의 가치를 담을 수 있으면 더욱 효율적일 것이다.

빨간색, 필기체 로고, 코카 열매를 닮은 병 등은 코카콜라의 시각적 정체성Visual identity이다. 코카콜라의 빨간색은 부정적인 심리를 극복할 수 있는 활기를 주는 색이라 한다. 빨간색이 톡톡 쏘는 탄산에 활기를 주고 코카콜라 로고의 경사진 필기체가 시각적인 활력을 더해준다. 코카콜라를 마시면 왠지 기분이 상쾌해지는 느낌이 이유 없는 것은 아닌가 보다.

코카콜라의 빨간색은 또한 세계인의 우상을 만들어낸다. 1931년 주간지 《새터데이 이브닝 포스트》에 해든 선드블롬Haddon Sundblom이 그의 친구를 모델로 그린 흰색 털이 달린 빨간색 외투를 입은 코카콜라 광고의 산타클로스는 현재 세계인의 산타클로스가 되었다. 코카콜라는 조금씩 조금씩 빨간색을 자신의 시각적 정체성으로 인정받아 왔다.

코카콜라 병 디자인과 산타클로스 디자인

브랜드의 정체성과 구성원의 행동이 일치할 때 정체성은 더 선명해진다.

'창의적인 사람들이 만들어내는 검색 사이트 Google'은 '검색'이란 카테고리에서 가장 창의적인 검색엔진을 만들어내는 행동 정체성Behavior identity을 실현한다. '일은 도전이어야 하고 도전은 재미가 있어야 한다'는 그들의 철학처럼 근무 5일 중 하루는 자신이 흥미로운 일을 한다. 만드는 사람이 재미있어야 재미있는 것들을 만들어낼 수 있다는 것이다.

이런 노력의 결과일까? Google이란 브랜드명은 창의적 인재들과 함께 만들어낸 창의적인 결과물로 많은 사람에게 인정받아 2008년 옥스퍼드 사전에 '검색하다'라는 새로운 동사로 추가되기도 했다.

정체성은 만든다고 해서 만들어지는 것이 아니다. 인정받는 것이 필수다. 그러기 위해서 브랜드는 끊임없이 가치에 관해 이야기하고 기억시켜야 한다. 관계를 맺고 사람들 삶 속으로 파고들어 사람들이 가진 문제와 갈증을 해결해주며 그들이 인정해줄 때까지 기다려야 한다. 내 얘기를 전하는 것이 중요한 게 아니라 그들의 얘기를 경청해주는 것이 중요하다.

파리 마들렌 광장의 바스 뒤 롬프르 56번가Rue Basse Du Rempart 56엔 고집스러움으로 마구를 만들던 사람이 있었다. 안장에 사용되는 가죽은 암소 가죽을 참나무 껍질과 함께 구덩이에 넣고 9개월여에 걸쳐 무두질했다. 게다가 가죽과 가죽을 연결할 때는 손이 많이 가고 오랜 시간이 걸리는 새들 스티치Saddle Stitch 방법을 이용했다. 기계 스티치와 달리 새들 스티치 방식은 한 곳이 끊어져도 교차한 실이 하나하나 조여져 있어서 쉽게 풀어지지 않는 방식으로 튼튼한 마구를 만들기 위한 최적의 방법이다.

새들 스티치는 사람의 손으로 한 땀 한 땀 수놓듯 해야 하므로 많은 시간과 공을 들여야 했지만, 마구상은 반드시 이 공정을 거쳐 마구를 만들었다. 그래야 사용자를 위험으로부터 보호할 수 있는 튼튼하고 믿음직한 마구가 되기 때문이다.

1842년 7월 13일, 프랑스에서는 슬픈 일이 일어난다.

루이 필리프 왕의 장남 오를레앙 공작Ferdinand Philippe, Duke of Orleans이 마차에 올라앉는 순간 갑자기 말이 미친 듯이 날뛰어 균형을 잃은 공작이 마차 밖으로 퉁겨져 땅바닥으로 내동댕이쳐졌다. 두개골이 골절된 공작은 의사들이 응급처치를 했음에도 숨을 거두고 말았다.

말이 날뛰었던 것은 조악한 마구의 날카로운 부분이 말을 찌른 것이 원인으로 밝혀졌다. 공작의 죽음에 전 프랑스 국민이 울었고 마구에 대한 생각이 바뀌는 계기가 되었다. 이때부터 귀족과 황족들은 조악한 마구를 버리고 튼튼하게 만들어진 안전한 마구를 찾기 시작했고, 바스 듀 롬프르 56번가 마구상의 마구가 찢어지거나 뜯어지지 않는 안전한 마구라는 것을 알아내었다. 그 후 마구상엔 황족이나 귀족의 시종들이 마구를 사기 위해 줄을 서기 시작했다.

그의 마구는 튼튼하고 안전한 마구로 당시 셀러브리티였던 황족과 귀족들로부터 인정받았고 오늘날에도 셀러브리티들이 소유하고 싶어 하는 최고의 브랜드가 되었다. 고집스럽게 지킨 신념의 새들 스티치는 마구상의 이름으로 달리 불리기도 한다.

에르메스 스티치

말을 타는 사람을 향한 마구상의 마음이 기술에 스며들어 기술이 마구상의 이름을 갖게 된 것이다. 누구도 이에 동의하지 않거나 부정하지 않는다. 많은 사람이 그의 신념을 인정했기 때문이다. 그리고 그것은 에르메스의 정체성이 되었다.

사람들에게 인정받는 것은 시간의 문제가 아니라 교감의 문제다. 그전까지 브랜드는 끊임없이 외치고 행동해야 한다.

'나야 나! 나다운 것이 이런 거야!'

알프스의 선물·에비앙

'삶의 끝자락에서 만난 분홍빛 희망'

삶의 끝자락일 수도 있겠다는 생각을 했을 것이다.

후작 레세르Marquis of Lessert는 신장결석으로 오랫동안 치료를 받았지만 병증은 나아지지 않았고 마음만 지쳐 갔다. 레세르는 친구 카샤Cachat로부터 자신의 영지에 와서 요양해 보라는 한 통의 편지를 받고 잠깐 망설였다. 후작에게는 변방을 외부의 적으로부터 지켜야 하는 책무가 있었기 때문이다. 하지만 1789년 프랑스는 시민들이 들고일어난 혁명으로 인해 어수선한 분위기였고, 그는 그런 틈바구니에서 자신에게 남겨진 시간을 낭비하고 싶지 않았다.

"우선 마음이라도 추스리자."

후작은 결심하고 그 해에 친구 카샤의 영지인 에비앙 레방Evian-les-Bains으로 향한다. 에비앙 레방에 도착한 후작은 카샤가 자신의 영지로 오도록 적극적으로 추천한 이유를 충분히 알 수 있었다. 알프스 산자락에 위치한 에비앙 레방은 그 이름에 les-Bains^{the bath}이라는 말이 붙을 정도로 물 맑고 공기 맑은 천혜의 자연을 가지고 있는 곳이었기 때문이다. 그런 곳에서 요양을 하면 어쩌면 몸이 회복될 수도 있을지 모른다는 작은 희망이 그의 안에서 꿈틀거렸다.

에비앙 레방에 도착한 후작은 모든 것을 내려놓고 자신의 병마와 싸우는 것에만 집중한다.

하루는 산책을 하다 마을의 한 노인에 말을 듣게 된다.

"알프스가 주는 카샤 샘물을 꾸준히 마신다면 몸이 나을 거요."

후작에게 노인의 조언은 희망이 담긴 메시지였다. 아주 가느다란 빛이지만 그 빛을 따르기로 마음먹은 후작은 그때부터 샘물을 꾸준히 마셨다고 한다. 그리고 그의 몸은 거짓말같이 낫게 된다.

마음을 치유하기 위해 향했던 여행이 그의 몸까지 치유해준 것이다. 그 샘물은 후작에게 있어 희망이었고, 동시에 치유의 약물이 되어 후작의 병을 완치시켜 주었다.

고마운 샘물이었지만 마음 한편으론 '왜일까?', '정말 샘물 때문에 병이 나은 게 맞을까?' 하는 의문이 생겨난다. 그래서 그는 전문가들을 불러 샘물을 조사하기 시작했다.

알프스산맥은 2억 5천만 년 전의 순수함을 그대로 간직하고 있
다. 빙하기에 형성된 빙퇴석 점토Moraine Clay는 두께만 10m가 되며

에비앙의 상징이 된 알프스산맥

눈과 비는 이 점토 속으로 스며들어 15년 동안 알프스산맥을 거쳐
내려오는 빙하수가 된다. 카샤의 샘물이 바로 그 빙하수였다. 때문
에 사람에 의해 때 묻지 않고, 영험한 알프스의 손길을 거쳐 발치로
내려오는 물이었다. 알프스산맥을 거쳐 오는 동안 샘물에는 인체가
필요로 하는 칼슘과 마그네슘 등의 성분이 함유되었고 미네랄 함량
이 높은 건강한 물이 되었던 것이다.

후작의 병이 씻은 듯이 나았다는 소문은 마을 밖으로 퍼져 갔고 휴양을 원하는 사람들이 에비앙 레방에 모여들기 시작하면서 카샤 샘의 소유주인 후작의 친구 카샤는 1829년 프랑스 의학 아카데미로

카샤 샘물의 공식 판매 허가서

부터 천연 미네랄을 간직한 물이라는 효용을 인정받아 공식 판매를 허가받게 된다.

카샤의 샘물은 주로 젊은 여성들이 즐겨 마시게 되어 분홍색 병에 담겨 판매되기 시작했다.

분홍색 병에 담긴 카샤 샘물은 이후 'Evian에비앙'이라는 이름을 갖게 되고 1878년에 소화불량, 류머티즘, 신장질환에 효과가 있는 것으로 의학계의 인증까지 받으면서 세계적으로 가치 있는 건강한 물로 퍼지며 지금까지 판매되고 있다.

알프스 산맥의 순수함을 간직한 에비앙

　에비앙은 여전히 분홍색 병에 담겨 카샤의 샘까지 가지 않아도 마실 수 있는 알프스의 선물이다. 알프스산맥이 있는 한 에비앙의 분홍색 병은 건강에 대한 희망을 간직하게 될 것이다.

어쩌면 그 분홍빛을 보면 '건강'이라는 단어가 떠오를 수도 있다.

라스푸틴의 예언이 일으킨 나비효과·샤넬 No.5
'붉은빛 사연으로 얼룩진 황금빛 보석'

러시아의 마지막 차르 니콜라이 2세에겐 혈우병을 앓는 황태자 알렉스가 있었다. 알렉스는 황위를 물려받을 수 있는 하나밖에 없는 아들이었다. 당시 혈우병은 불치병이었기 때문에 왕실은 모든 수단과 방법을 가리지 않고 치료법을 찾으려 했지만 이렇다 할 방법이 없이 시간만 흐르고 있었다. 그러던 1903년 제정 러시아의 수도 상트페테르부르크에 한 수도승이 나타난다.

라스푸틴

라스푸틴은 자신이 알렉스의 혈우병을 고쳐보겠다고 제안한다. 그리고 몇 달간의 기도 요법으로 알렉스의 병세를 완화시킨다. 당시로써는 기적 같은 일이었기 때문에 신이 내린 수도승이라 여겨졌을 것이다.

(좌)라스푸틴, (우)니콜라이 2세 가족들

그 후로 라스푸틴은 황실의 절대적인 신임을 얻게 되고 그는 정사에 관여하기 시작한다. 그런데 그 후 문제가 발생하는데, 서민들이 점점 더 니콜라이 2세 황실 정치에 환멸을 느끼게 된 것이다. 그러다 보니 수도승 라스푸틴에게 불편한 시선을 보내는 사람들이 늘어났고, 거기에 라스푸틴의 행실 때문에 점차 황족과 귀족들은 그를 적으로 여기게 된다. 그의 행실 중 가장 눈에 거슬렸던 것은 황족과 귀족 부인들과의 스캔들이었다. 심지어 그는 황후와의 불륜이 거론되기도 한다. 그러던 어느 날 라스푸틴은 도를 넘어서 결혼한 지 얼마 안 된 니콜라이 2세의 조카 이리나에게 추파를 던진다. 이 사실을 안 이리나의 남편인 대공 펠릭스 유수포프는 이런 모욕적인 행동에 분노하고, 가뜩이나 눈엣가시인 라스푸틴의 이런 말도 안 되는 행동을 직접 겪은 이상 묵과할 수 없었던 유수포프는 몇몇 귀족과 함께

(좌)유수포프와 이리나, (우)드미트리

라스푸틴의 암살 계획을 세우게 된다.

1916년 12월 29일 이리나가 라스푸틴을 선상 파티에 초청한다. 사실 이리나가 초청한 것이 아니라 유수포프 대공과 황제의 조카 드미트리 파블로비치가 라스푸틴을 암살하기 위해 꾸민 파티였다. 라스푸틴이 도착하기 전 청산가리가 든 음식을 마련하고 만일의 사태에 대비해 총까지 준비한다.

파티에 도착한 라스푸틴에게 악수를 청하며 반겨주는 유수포프.

이상한 낌새를 직감했지만 자신이 낯설어하면 의심을 살 것 같아 내색 않고 최대한 자연스럽게 행동한다. 그리고 곧 라스푸틴이 차려진 음식을 먹기 시작한다. 그런데 이상하게도 청산가리가 들어 있는 음식을 먹은 라스푸틴이 쓰러지질 않는다. 분명 치사량의 청산가리를 섭취했음이 분명한데도 아무렇지도 않은 듯 멀쩡하게 음식을 먹어대는 것이다.

이에 당황한 드미트리는 라스푸틴을 향해 총을 한 발 발사한다. 그런데 그는 총을 맞고도 멀쩡하게 도망을 친다. 다시 총이 발사되고 또 총에 맞았음에도 그는 계속 도망친다. 마지막으로 유수포프가 쏜 총이 라스푸틴의 머리를 관통했고, 그렇게 쓰러진 라스푸틴을 쇠사슬로 묶어 차가운 네바 강에 던져 버린다. 나중에 부검을 해본 결과 사인은 미스터리하게도 익사였다 한다.

처참한 최후를 맞았던 라스푸틴은 정말로 미스터리한 수도승이었다. 그는 자신이 죽임을 당할 줄 알았던지 죽기 전 니콜라이 2세에게 예언을 한다. 만일 자신이 황족에게 죽임을 당하면 니콜라이 2세의 가문이 1년 안에 몰락할 것이라는 예언을 말이다. 그래서 니콜라이 2세는 유수포프와 드미트리에게 추방을 명하고 그들을 수도 밖으로 내친다.

그러던 1917년 러시아는 혁명을 맞이하게 된다. 니콜라이 2세의 가족이 몰살을 당하는 그 혁명 속에서 유수포프와 드미트리는 혁명을 피하고자 각각 영국과 프랑스로 망명을 떠난다.

(좌)드미트리와 사랑에 빠진 모자 부티크 여인, (우)어네스트 보우

프랑스로 망명한 드미트리 대공은 파리의 파티에서 한 여인을 만나 사랑에 빠지게 된다.

모자 부티크를 운영하고 있던 그 여인은 향수산업이 발달한 러시아의 조향 기술자를 드미트리에게 소개해 달라 부탁한다. 이색적인 러시아의 향수는 희소가치가 높았던 모양이다. 그렇게 소개받은 조향사가 러시아 황실 향수제조 전문가인 어네스트 보우이다.

여인의 부탁을 받은 어네스트 보우는 스무 가지의 향을 만들어 내고 그중 열 가지를 여인에게 샘플로 보냈다. 향수를 받은 여인은 조향사에게 열 개의 향수 중 5번이라 적힌 향수를 선택한 후 사연을 적어 보냈다고 한다.

**"저는 한 해의 다섯 번째 달인 5월 5일에
제 향수 컬렉션을 런칭할 겁니다.**

태어난 날짜가 이름이 될 향수의 번호 5는
우리 모두에게 행운을 가져다줄 겁니다."

1921년 5월 5일 파리의 깡봉가 31번지에 자리 잡은 그녀의 부티크에서 향수 하나가 탄생한다. 러시아 황제의 조향사가 만든 영롱한 황금빛을 띤 향수 No. 5는 다이아몬드형을 한 방돔 광장의 모습을 본떠 만들어진 보석 같은 병에 담기게 된다. 향수를 지니게 될 사람들에게 귀한 보석과 같은 행운을 주려는 마음이었을 것이다.

황금빛 보석 향수 샤넬 No. 5는 그때로부터 100여 년이 지금까지도 여성들의 사랑을 독차지하고 있다.

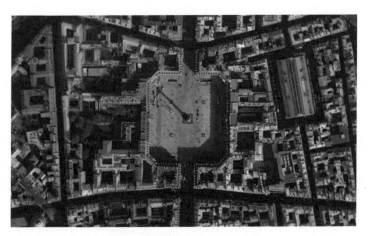

샤넬 No.5 병 디자인 모티브가 된 방돔 광장

프랑스의 어느 비극이 장인정신을 깨우다 · 에르메스

'장인정신이 만들어낸 오렌지빛 선물'

오늘도 여관엔 벨벳과 실크를 사기 위해 귀족을 따라온 수행원들이 방을 잡기 위해 줄을 서 있었다. 이 광경을 지켜보던 여관집 어린 아들은 왜 이렇게 사람들이 몰려드는지 어렴풋이나마 알고 있었다. 크레펠트Krefeld에서 생산되는 실크와 벨벳의 품질은 어린아이의 눈으로 봐도 훌륭해 보였기 때문이다. 게다가 조금이라도 품질이 나쁜 공장과 장사치들은 말없이 사라지곤 했다. 남은 장인들은 사라진 그들과는 눈빛과 손놀림이 다른 장인들이었다. 아이는 생각했다.

'옷감 하나도 정성스레 만들어야 하는구나.'

크레펠트엔 황제와 왕, 추기경 등 당대의 내로라 할 권력자들의 옷감을 사기 위해 많은 사람이 몰려왔다. 그곳의 벨벳과 실크는 그만큼 우수한 품질을 가지고 있었기 때문이었다.

크레펠트가 벨벳과 실크로 명성을 얻기 시작한 것은 프리드리히

안톤 그라프, 〈프리드리히 2세 초상화〉, 1781

2세^{Friedrich II} 때문이었다.

'왕은 국가의 첫 번째 종'이라 말했던 프로이센의 프리드리히 2세는 개화된 독재자였다. 제도와 법을 정비하며 질서를 구축한 왕이 그다음으로 한 일은 국가를 부유하게 만드는 것. 크레펠트는 프리드리히 2세에 의해 18세기부터 벨벳과 실크를 주력 산업으로 선정했고 그로 인해 부유해졌다. 크레펠트는 '벨벳과 실크의 도시Samt-und Seidenstadt'라 불리었다.

아이는 1801년에 현재의 독일 북동쪽 크레펠트Krefeld에서 태어났다. 당시 크레펠트는 나폴레옹 제국의 지배하에 있었기에 아이는 프랑스 시민으로 태어났다. 그의 아버지는 프랑스 태생인 띠에리 에르메스Thierry Hermés, 어머니는 독일 태생인 아그네스 쿠넨Agnese Kuhnen이었다. 아이는 아버지의 이름을 그대로 따랐다.

아이의 아버지는 프랑스 국민이라는 사실에 항상 자부심을 느끼는 사람이었다. 나폴레옹이 유럽을 제패하여 프랑스가 모든 유럽 위에 군림했기 때문이다. 1814년 1월 14일 크레펠트가 프러시안령이 되기 전까지는 말이다. 이날 이후 아이의 가족에게 프랑스 국민이란 사실은 오히려 그들을 주눅 들게 만들었다.

1년 후 열다섯 살이 된 아이는 크나큰 시련을 겪게 된다. 여관을 경영하던 부모가 크레펠트의 전쟁과 몹쓸 병으로 인해 세상을 등지게 된 것이다. 졸지에 사고무친이 된 아이는 자신의 생계를 자기가 꾸려야 했다. 아이는 힘이 들 때마다 생전 아버지의 목소리가 귓전에 맴돌았다.

'가야 해! 어떻게든 이곳을 벗어나 조국 프랑스로 빨리 가야만 해.'

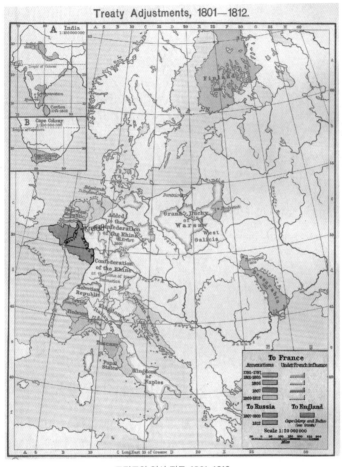

조정조약 역사 지도, 1801~1812

스무 살이 된 에르메스는 아버지가 스스로 되뇌던 약속을 지키고 싶었다. 더불어 그의 마음 한쪽에는 좁은 크레펠트를 벗어나 성공의 기회가 많은 꿈의 땅으로 가고 싶다는 생각도 자리 잡고 있었다. 결국 그는 그해에 크레펠트의 모든 것을 정리하고 프랑스의 파리로 향한다.

파리의 몽마르트, 1821.

파리에 입성한 에르메스는 '기회는 가까운 곳에 있어' 라고 마음을 다잡으며 자신이 즐거워할 일을 찾아 나섰다. 벨벳과 실크의 도시 크레펠트의 그 장인들처럼 몰두하면서 할 수 있는 자신만의 일을 말이다.

에르메스에게는 파리의 모습이 그 옛날 크레펠트 벨벳과 실크 거리에서 마주한 장인들과 그들이 만들어낸 기막힌 옷감들이 펄럭이던 모습이 파리의 거리와 중첩되어 보였다. 진정한 장인이 만든 벨벳과 실크가뿜어내는 아우라와 그 앞에 줄 서 있는 사람들의 모습이 환상처럼 떠올랐다. 하지만, 중첩된 환상이 걷어진 파리의 거리는 달랐다. 겉모습은 화려하게 빛나는 듯했지만 정작 에르메스의 눈에 비친 쇼윈도에 진열된 제품에는 무언가가 부족해 보였다. 그 제품들에서는 한 올 한 올에도 온힘을 기울이는 장인의 정성이 느껴지지 않았던 것이다.

'회색의 건물로 들어찬 이 거리에도 장인이 필요하다.
사람들이 경외심을 갖고 몰려들 장인의 제품이 필요하다.'

그런 생각을 하던 그의 눈에 들어온 것은 거리의 마차였다. 당시 파리 도심의 주요 교통수단은 말의 안장에 고리와 나무, 가죽끈으로 객차carriage를 연결하는 방식의 마차였고, 부유한 사람들은 모두 말과 마차를 타고 다녔다.

에르메스의 예리한 눈에 그들이 사용하는 마구의 조악함이 들어왔다.

가죽이라고는 하나 금방이라도 찢길 듯 보이는 싸구려에 바느질

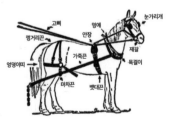

마차와 마구의 종류

은 들쑥날쑥 마구잡이로 한 티가 역력했다. 당장이라도 말이 날뛰면 가죽과 바늘땀은 찢겨지거나 끊어지고 풀어헤쳐져 사람을 보호할 수 없을 듯 보였다.

에르메스는 결심했다.

**'말을 이용하는 모든이들이 안전할 수 있도록 말과
사람을 보호할 수 있는 마구를 만들자.
그리고 이 거리에서는 장인정신으로 만들어진 제품만이
사람들에게 사랑받을 수 있음을 보여주자.'**

아이템은 선정했으니 다음으로 필요한 것은 마구를 만들고 팔 수 있는 장소였다. 마구는 말을 소유할 수 있는 귀족들이 주로 구매하는 것이니 그들이 빈번하게 다니는 파리의 번화가에 가게를 구해야 했다. 가게를 알아보러 다니던 그는 천정부지로 올라가 있는 중심가의 세稅를 감당할 수가 없었다. 그가 고민하고 갈등하던 때에 프랑스에는 불행한 일이었지만 그에게는 기회가 되었던 사건이 일어났다. 1835년 마들렌 광장의 거리를 행렬하던 루이 필리프 왕Louis Philippe을 공화당원이 습격하는 바람에 근처를 지나가던 사람들을 포함해서 20여 명의 사상자가 생긴 것이다. 거리는 쑥대밭이 되었고 그 후 이 거리에 조성된 공포감 때문에 건물의 임대료가 낮아졌다.

그럼에도 빈 건물이 늘어만 갔다. 에르메스는 이 기회를 틈타 그동안 모았던 돈을 투자해 1837년 첫 가게를 개점한다.

'마들렌 광장의 바스 듀 롬프르 56번가.'

이곳에서 에르메스의 마구상은 시작되었다.

에르메스는 그의 신념대로 마구를 만들기 시작했다.

에르메스 마구상에선 안장에 사용되는 암소 가죽을 참나무 껍질과 함께 구덩이에 가득 넣고 약 9개월여에 걸쳐 무두질을 했다. 그래

1837년 당시 첫 번째 에르메스 마구상 근처 파리 지도

야만 오랫동안 사용해도 갈라지지 않았기에 에르메스는 오래 걸리더라도 정성을 다해 이 과정을 꼭 지켰다. 게다가 가죽과 가죽을 연결할 때는 꼭 새들 스티치Saddle Stitch 방법을 이용했다. 새들 스티치는 양손으로 바늘 두 개를 잡고 같은 구멍을 통과시켜 견고하게 바느질하는 방식이다. 기계가 손쉽게 만들어내는 스티치는 한 곳이 끊어지면 전체가 쉽게 풀어지지만 새들 스티치 방식은 한 곳이 끊어져도 교차된 실이 하나하나 조여져 있기에 풀어지지 않아 견고하다.

새들 스티치는 꼭 사람의 손으로 한 땀 한 땀 수놓듯 해야 하기 때문에 많은 시간과 공이 들어갔지만 에르메스는 이 공정을 반드시 지켜 만들었다. 그래야 위험으로부터 보호할 수 있는 믿음직스러운 마구가 되기 때문이었다.

Machine Stitch

Saddle Stitch

기계 스티치와 새들 스티치의 비교

에르메스의 손가락은 굳은살이 갈라졌다가 회복되기를 반복했다. 그는 투박하지만 섬세한 그 손으로 완성된 마구의 매끈한 표면을 쓸어내릴 때마다 희열을 느꼈다. 어느 순간부터 거리에 다니는 마차의 마구를 보며 자신이 만든 것들을 세는 버릇도 생겼다. 자신의 마구를 사용하는 말의 주인과 말에게 떳떳함을 느끼는 자신을 자랑스러워하기도 했다.

장인정신으로 만든 에르메스의 마구는 입에서 입으로 전해져 제법 많은 고객들이 생겨나게 되었다.

1842년 7월 13일 프랑스에 슬픈 일이 일어난다.

루이 필리프 왕의 장남 오를레앙 공작Ferdinand Philippe, Duke of Orleans이 자신의 군을 정비하기 위해 떠나는 날이었다. 가족들과 인사하며 마차에 올라앉는 순간 갑자기 말이 미친 듯이 날뛰었고, 순간 공작은 균형을 잃고 마차 밖으로 튕겨져 땅바닥으로 내동댕이쳐졌다. 두개골이 골절된 공작은 의사들이 응급처치를 했음에도 불구하고 숨을 거두고 말았다.

사고의 원인을 조사해보니 말의 이상 행동은 조악한 마구 때문으로 밝혀졌다. 공작이 마구에 얹어진 마차에 올라서자 잘못 만들어진 마구의 날카로운 부분이 말을 찔렀고 깜짝 놀란 말이 날뛰게 되어 일어난 비극이었다. 차기 왕의 자리를 물려받을 공작의 죽음은 전 프랑스 국민을 울렸고 이 사건으로 인해 마구에 대한 사람들의 인식이 바뀌게 된다.

마구를 사용하는 귀족과 황족들은 마구를 검사하고 조악한 마구를 모두 버렸다. 그리고 훌륭하게 만들어진 마구를 찾기 시작했다.

오를레앙 공작의 죽음

물어물어 찾다 보니 에르메스의 마구가 훌륭하다는 이야기가 퍼졌고, 입소문 때문인지 에르메스 마구상엔 사람들이 줄을 서기 시작했다. 장인정신이 깃든 벨벳과 실크로 찬란했던 크레펠트의 모습이 파리의 회색 빛깔 도심에 재현되고 있었다. 에르메스의 신념이 빛을 발하는 순간이었다.

'신념은 신념을 더욱 강하게 만든다.'

그의 신념은 불혹의 나이^{당시 42세}가 된 자신을 배신하지 않았고, 그 신념은 철학이 되어 지금까지도 이어지고 있다. 그리고 '장인정신'이란 철학은 에르메스 마구상의 본질이 되어 갔다.

에르메스의 명성은 파리를 넘어 프랑스 전역으로 퍼져갔다. 하지만 그는 거기서 멈추지 않았고 67세가 된 에르메스에게 또 하나의 기회가 찾아오게 된다. 세계의 바이어들이 몰려드는 만국 박람회 Exposition Universelle가 파리 센 강변의 샹드마르스Champ-de-Mars 공원에서 개최된 것이다.

이곳에서 에르메스의 마구는 1등상을 거머쥐게 되고, 이로써 에르메스는 프랑스를 넘어 세계에 그 이름을 알리게 된다. 크레펠트의 벨벳과 실크를 만들던 장인들의 정신이 에르메스의 씨앗이 되고 파리에서 꽃을 피워 다시 전 세계에 씨앗을 퍼뜨리게 된 것이다.

1878년 마구 하나만으로도 세계에 이름을 떨친 에르메스는 아들

파리 만국 박람회 조감도, 1867

알프레드 드 드로의 석판화 〈르 뒤끄 아뗄〉과 에르메스의 로고

샤를 에밀 에르메스Charles Emile Hermés에게 장인정신을 물려주고 세상을 떠났다.

에르메스의 뜻을 이어받은 세 번째 오너 샤를 에밀 에르메스의 아들 에밀 모리스 에르메스Emile Morris Hermés는 1945년 마구상으로 시작한 에르메스를 대표하는 심벌을 만든다. 그는 자신이 수집한 화가 알프레드 드 드로Alfred de Dreux의 석판화 '르 뒤끄 아뗄Le duc attele'에서 형태를 따서 만든 로고를 공표한다.

로고는 사륜마차가 그려져 있었기 때문에 사륜마차를 의미하는 '깔레쉬Caleche, 마차'라는 별칭까지 붙었다.

깔레쉬가 오렌지색이 된 것은 2차 대전 이후 에르메스의 상자 개발 담당이 천연가죽과 가장 흡사한 색상을 선택한 것으로 비롯되었다고 한다. 에르메스의 오렌지빛 상자엔 여전히 사람들의 마음을 설레게 하는 선물이 담겨 있다.

한 땀 한 땀 만들어 간 장인의 손때를 간직한 채…….

2장

브랜드가
말하는 법

발 없는 이야기가 천 리 간다

브랜드텔링이란?

지금부터 쓰는 글은 지극히 주관적인 시각으로 본 인류사와 지독히 개인적 관점의 브랜드 이야기이다.

거대하고 아름다운 모습 뒤로 위험이 도사리고 있는 자연 속에서 인류는 생존의 방법을 터득하며 살아왔다. 인류에게 자연은 미지투성이였고 미지 안의 위험은 사람들을 불안하게 만들었을 것이다.

자신의 몸집보다 커다란 동물과 싸워서 이겨야 했고 먹어도 죽지 않는 먹거리를 찾아 헤매며 힘겹게 생존했을 것이다.

> 야생 동식물 중에서 인간이 먹을 수 있고 사냥 또는 채집할 만한 가치가 있는 종은 소수에 불과하다. 나머지 대부분의 종은 음식으로써 쓸모가 없다. 다음과 같은 이유 중에서 한 가지 또는 그 이상에 해당되기 때문이다. 소화가 안되거나나무껍질, 독이 있거나모나크나비와 광대버섯, 영양가가 낮거나해파리, 까서 먹기가 따분하거나아주 작은 견과류, 채집하기 어렵거나대부분의 유충, 사냥하기엔 위험한 경우코뿔소 등이다.
> ― 제레드 다이아몬드, 《총, 균, 쇠Guns, Germs, and Steel》

함께 싸우기 위해 신속하게 소통할 수 있는 말이 필요했고 해가
되거나 득이 되는 음식에 대한 경험을 후대에 전할 기록을 위한 글
이 필요했다. 그래서 인류에겐 말과 글이 전해져 온다. 생존을 위해
서다. 생존을 위한 정보는 '파충류의 뇌' 속으로 차곡차곡 쌓여 간
다. 그리고 DNA 안에 모든 생존 정보가 고스란히 담겨 후대에 전해
진다. 그래서 사람들은 본능적으로 누군가의 말에 귀 기울이고 글을
보면 읽는다.

어쩌면 이 모든 것은 살기 위한 본능인지도 모르겠다.

지금도 우리 주위에는 끊임없이 말과 글이 스토리가 되어 흘러
다닌다. 매체는 홈페이지, 미니홈피, 블로그, 카페, UCC, SNS로 변해
가고 스토리텔링 방식과 내용은 일방적인 정보전달에서 다자간의
대화 형태로, 전문적으로 가공된 콘텐츠에서 삶의 현실이 반영된 일

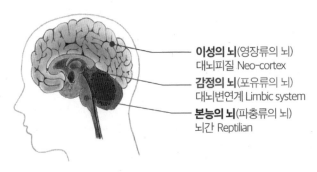

세 개의 층으로 나뉜 인간의 뇌

상다반사의 콘텐츠로 변했다.

**스토리텔링의 매체와 방법만 달라질 뿐
그 안에는 사람들이 본능적으로 받아들이는 정보가 있다.**

브랜드도 정체성 확립을 위해 자신만이 가지고 있는 탁월한 가치에 대한 스토리를 만들고 들려주어 공감을 통해 인정받아야 한다. 정체성이 확립된 브랜드만이 사람들 곁에서 함께 호흡하며 살아갈 수 있기 때문이다. 그래서 브랜드도 브랜드만의 스토리텔링이 필요하다. 매체에 실어 브랜드의 정체성을 인정받을 수 있는 브랜드만의 이야기 말이다. 이른바 브랜드가 이야기하는 '브랜드텔링brandtelling' 이다. '브랜드텔링'은 현대적 개념의 스토리텔링과 같이 시각적인 방법일 수도 비시각적인 방법일 수도 있다. 언어적일 수도 비언어적일 수도 있다. 그 방법이 어떻든 '브랜드텔링'은 사람들에게 공감을 얻어 인정받는 것을 목적으로 하고, 공감을 얻기 위해 효과적인 방식으로 이야기하는 것이다.

세계적인 브랜드는 훌륭한 '브랜드텔링'을 하고 있다. '브랜드텔링'을 통해 효과적이고 효율적으로 그들의 브랜드 정체성을 확립하고 있다. 영국의 '헤어드레싱' 브랜드 토니앤가이TONI & GUY는 로고에 사용된 글꼴의 패밀리 서체를 사용하여 때론 강하게 때론 섬세하게 이야기한다. 글꼴을 'fontface'라 부르는 이유는 그 모양이 사람의 얼굴을 표현하듯 브랜드의 외모를 표현할 수 있기 때문이다. 시각적으로 이야기할 때의 글꼴은 매우 효과적인 수단이다. 우리가 말을 할 때 평음으로 말하다 강조를 위해 큰 소리를 내기도 하면서 듣는 사람의 마음을 사로잡듯이, 글꼴도 두꺼운 서체와 얇은 서체 등을 조화시켜 보는 이의 시선을 사로잡을 수 있다. 눈을 통해 마음에 새기는 것이다. 하지만 너무 많은 서체의 사용은 눈을 어지럽히고 마음을 교란시킨다.

(상)토니앤가이 로고, (중)사용되는 글꼴, (하)글꼴을 이용한 디자인 예시

디즈니랜드Disneyland는 방문하는 손님을 게스트guest라 호칭하며 자신의 집에 초대한 귀한 손님이라 이야기한다. 디즈니랜드 안에서 일하는 모든 사람—청소하는 사람까지도—을 캐스트cast란 호칭으로 부르며 그들이 하는 모든 활동—청소하기도 포함—을 공연이라 이야기한다. 호칭 두 개의 변화만으로 디즈니랜드는 초대받은 집이 되고 일하는 모든 사람이 배우가 된다. 브랜드 조직에서 사용하는 용어 하나가 사람들을 변화시켜 문화를 바꿀 수도 있다는 것을 보여준 사례이다.

언어는 사람들의 삶, 문화 등이 고스란히 담겨 있어 단어 하나에도 응축된 힘이 있다. 언어를 효과적이고 효율적으로 사용한다면 상상 이상의 일들이 벌어지기도 한다. 애플스토어apple store는 판매가 우선이었던 기존의 컴퓨터 판매 스토어 개념에서 벗어나 체험할 수 있고 문제를 해결할 수 있도록 돕는다는 콘셉트로 스토어의 공간을 디자인한다.

(좌)디즈니랜드 로고, (우)청소하는 직원이 거리에 디즈니 캐릭터를 그리는 모습

판매가 아니라 오히려 고객들이 문제를 해결하는 것을 돕는다.
Not to sell, but rather to help customers solve problems.

　애플스토어 공간의 디자인은 사람들에게 참여를 통해 가까워지자 이야기하고, 제품의 퀄리티에 자신 있으니 체험해보라고 이야기한다. 오감에 대한 체험으로 사람과 브랜드 간의 거리를 좁힐 수 있다. 오감으로 받아들일 수 있는 이야기가 중요한 이유이다. 애플스토어의 직원들은 무슨 문제든 돕겠다며 친근하게 다가온다. 애플스토어의 공간은 말 그대로 판매가 아닌 체험하고 소통하는 공간으로 진화된 것이다.

　앞에서 언급한 세 브랜드는 각자의 자리에서 많은 사람의 지속

애플스토어의 문제 해결을 위한 서비스들

적인 사랑을 받고 있다. 그러면 글꼴을 잘 써서, 직원들이 친절해서 혹은 아주 잘 된 인테리어 때문에 사랑받고 있을까? 그 이유만으로는 무언가 조금 부족해 보인다. 그들의 이야기를 가만히 들여다보면 공통된 분모가 보이기 시작한다. 우리가 무엇what을 하고 있다고 말하기보다는 왜why 하는지에 대해 분명히 이야기한다. 그리고 그 'why'는 고객을 향하고 있다. 그들 모두가 자신의 이야기를 내세우기보다는 고객을 먼저 바라보고 이야기하고 있다. 그리고,

진심을 더해 실행하며 그들의 마음 한구석에 살포시 들어간다.

진정성은 굳이 말을 하지 않아도 전해진다. 2011년 애리조나주 세이프웨이 슈퍼마켓 앞에서는 개브리엘 기퍼즈Gabrielle Dee Giffords 하원의원이 유권자들과 만나고 있었다. 이때 무장한 괴한이 나타나 총을 난사했고 아홉 살 소녀를 포함해 여섯 명의 사망자를 낸 슬픈 일이 일어났다. 사건 이후 추도사를 하던 오바마Barack Obama 대통령은 아홉 살 소녀 크리스티나Christina-Taylor Green, 2001년 9월 11일생를 언급하며 유가족들과 눈을 마주친 순간에 연설을 멈추었다. 51초의 침묵. 말이 사라지고 진심이 드러난 그 순간 대통령의 말을 듣던 모든 사람의 가슴엔 같은 울림이 있지 않았을까?

훌륭한 브랜드는 이야기를 잘한다. 고객을 바라보며 진심이 깃

오바마 대통령의 추도사 중 51초의 침묵

든 가치에 대해 아주 잘 설명한다. 훌륭한 말이나 글로 혹은 침묵으로…… 그 이야기에 귀 기울이는 사람은 마음을 주고 곁을 내준다.

훌륭한 위인들에게 그러했듯이…….

브랜드텔링이란 브랜드와 사람이 얼굴을 마주 보고 이야기할 수 없는 한계를 넘어 글자, 단어, 메시지, 숫자, 행동, 공간을 활용하여 효과적이고 효율적으로 의사소통하는 것이다.

글자가 전하는 목소리

글꼴fontface

언어는 시각적 인상에 사로잡혀 있다.
무언가를 비교할 때 시각적 인상에 기대고
시각에 의지하여 행동이나 기분을 설명한다.
― 다이앤 애커먼,《감각의 박물학》

1세기에 중국에서 만들어진 종이는 실크로드를 거쳐 12세기에 유럽에 전해진다. 12세기 중세 유럽은 종교와 귀족 중심의 신권 사회였기에 종교 문서와 공문서를 필두로 가치 있는 글들을 양피지에 필사하는 시기였다. 이 시기의 필사는 신의 말씀을 기록하는 성스러운 일이었기 때문에 마음과 영혼, 의지를 다해서 기록하였고 그 수준은

필사하는 중세의 수도승

가히 예술작품의 경지였다.

1445년 구텐베르크의 금속활자 발명, 그리고 양피지보다 제작비용이 훨씬 저렴한 종이가 인쇄술을 급격히 발전시키는 역할을 한다. 수도사의 손으로 양피지에 쓰였던 신의 소리를 종이에 활자를 찍어 담아내기 시작한 것이다. 활자는 초기에 수도사의 필사체를 닮으려고 노력했고Black letter 수학이 발달하면서 수학적 계산으로 정교해졌으며Didone 산업

Blackletter	Humanist	Old Style	Transitional	Didone	Slab	Grotesque	Neo-Grotesque	Humanist	Geometric
1400s	1400s	1500s-1700s	1700s	1800s	1900s	early 1900s	late 1900s	1900s	1900s
f	e	Q	O	B	k	g	C	U	O
Fraktur	Centaur	Garamond	Baskerville	Bodoni	Rockwell	Franklin Gothic	Helvetica	Gill Sans	Bodoni

서체종류의 역사*

혁명의 기운으로 강렬하고 두꺼운 모습이 되기도Slab-Serif, Serif 하였다.

그렇게 활자는 시대를 담고 만든 사람을 닮아 갔다. 글꼴을 fontface라고 하는 이유는 글자도 사람의 얼굴처럼 보는 사람에게 어떠한 직관적 느낌을 주기 때문 아닐까? 그래서 각 글꼴은 하나의 목소리를 낸다. 어떤 글꼴은 굵고 신뢰감 있는 목소리를 내기도 하고 어떤 글꼴은 얇지만 스마트한 목소리를 내기도 한다.

---

*자료 발췌: blog.spoongraphics.co.uk/articles/a-history-of-typeface-styles-type-classification

글꼴 하나에 목소리 하나······.

그러므로 글꼴을 사용할 때는 신중해야 한다. 만일 브랜드의 성향에 맞지 않는 목소리의 글꼴을 선택한다면 브랜드의 성향이 왜곡될 수 있고, 글꼴이 여러 개면 목소리도 여러 개가 될 수 있기 때문이다.

첫 번째 목소리   두 번째 목소리   세 번째 목소리

이가자 헤어비스의 세 종류의 글꼴

이가자 헤어비스는 1972년 국내 최초 브랜드숍 '이가자 미용실'이라는 이름으로 설립되었다. 2002년엔 '이가자 헤어비스'라는 브랜드명으로 변경했다. 헤어비스의 '비스bis'는 프랑스어로 '둘, 두 번째, 다시'의 의미로 헤어를 포함하여 화장품, 교육, 웨딩 등 둘 이상의 프리미엄 가치를 가진 토털 뷰티 브랜드로 거듭난다는 의미라 한다. 브랜드명에 비즈니스에 대한 콘셉트까지 포함하고 있으니 효율적이라 볼 수 있다. 하지만 무엇보다 중요한 건 이야기를 듣는 당사자가 쉽게 알아듣고 이해해야 한다는 것이다. 그러기엔

의미가 조금 복잡한 감이 있다. 거기에 이가자 헤어비스의 로고에 사용된 글꼴이 총 세 가지이니 느낌이 다른 글자의 목소리 또한 세 가지가 된다.

어려운 이야기를 세 사람이 동시에 말하고 있는 셈이다.

이해 못 하는 말로 세 사람이 동시에 얘기하면 산만하고 시끄럽다. 시각도 마찬가지로 받아들인다.

같은 업종, 비슷한 콘셉트를 가진 브랜드 중 이와는 다른 사례

어려운 이야기를 세 사람이 동시에 말하기

가 있다. 영국의 토니앤가이Tony & Guy는 1963년 런던 남부의 '클래펌Clapham'에 살롱을 개점하는 것을 시작으로 현재 전 세계 41개국에 402개의 헤어 살롱을 두고 있다. 토니앤가이의 로고는 워드마크wordmark, 브랜드 이름 자체를 레터링한 것 형태로 태그라인tagline은 'HAIRDRESSING'이다. 토니앤가이가 무슨 브랜드인지를 심플하게 보여준다. 1770년에 사용되기 시작한 hairdresser란 단어는 hair머리카락와 dresser의상 담당자의 합성어이다. hair를 fashion과 동일시하는 것이다. 이후 1771년 'HAIRDRESSING'이라는 단어가 파생된다. 굳

토니앤가이의 로고와 태그라인

이 전술한 역사를 알지 못한다 하더라도 태그라인만으로 쉽게 이해되는 내용이다.

토니앤가이의 로고는 푸투라Futura의 패밀리 글꼴을 사용하고 있다. 메인로고는 Futura Extra Bold, 아래의 태그라인은 Futura Light 서체이다.

쉬운 이야기를 한 사람이 다양한 억양으로 이야기한다.

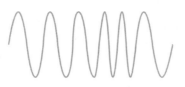

쉬운 이야기를 한 사람이 다양한 억양으로 말하기

마치 연설을 할 때와 같이 강조하기도 하고 차분하게 숨죽이며 이야기하기도 한다. 효율적으로 하고자 하는 이야기를 전달하는 것이다.

사람들은 시각으로 인지된 느낌을 글로 표현한다. 반대로 글로 표현된 내용의 느낌을 통해 기억을 연상시키기도 한다. 그래서 글을 읽을 때 느낌과 기억을 연상하는 것에 익숙해져 있다. 글을 이용한 브랜드텔링은 브랜드가 전하는 메시지정신 혹은 콘셉트를 누구나 쉽게 이해하도록 만들어 보는 이의 기억에 메시지가 남겨지도록 한다. 그리고 브랜드만의 성향과 감성을 드러낼 수 있는 글꼴로 글자의 강약을 잘 조절하여 표현한다면 사람들이 브랜드를 쉽게 연상할 수 있게 된다. 내용에 더해 글꼴은 형태와 색상으로 목소리의 톤, 말의 어조와 어세를 시각적으로 드러내도록 표현을 조절할 수 있기 때문이다.

Futura Extra Bold

ABCDEFGHIJKLMNO
PQRSTUVWXYZ&

시각적 저음, 무거움

Futura Light

ABCDEFGHIJKLMN
OPQRSTUVWXYZ

시각적 고음, 가벼움

글꼴 굵기에 따른 시각적 느낌

2000년 영국 노섬벌랜드Northumberland주 애닉Alnwick에 있는 바터 북스Barter Books라는 중고 서점에서 오래된 포스터 하나가 발견되었다. 강렬한 붉은색 바탕에 선명한 하얀색의 간단하고 명료한 메시지가 담긴 포스터였다.

'차분하게 하던 일을 하라.'
'KEEP CALM AND CARRY ON.'

1930년대 말 나치즘과 파시즘으로 전 유럽에 전운이 감돌기 시작했다. 게다가 일본의 가세로 전쟁의 기운은 유럽을 넘어 전 세계로 퍼지고 있었다. 반대편의 중심에 있던 영국의 조지 6세는 평화를 지키기 위해 노력했지만, 히틀러의 야욕을 막을 수 없다는 것을 깨닫는다. 결국, 전쟁에 참여하기로 결심하고 1939년 9월 3일 2차 세계 대전 참여에 대한 국민의 지지를 이끌어 내는 연설을 하게 된다. 왕의 차분한 연설은 영국 국민에게 라디오를 통해 가슴으로 전해진다. 이때 왕실의 이름으로 포스터도 함께 배포된다. 전쟁으로 불안해하는 국민에게 용기를 주고 승리의 신념을 가지라는 내용의 메시지가 담긴 포스터였다. 하지만 안타깝게도 마지막 포스터는 배포되지 않고 모두 펄프로 만들어졌다 한다. 그렇게 사라져 버린 줄로만 알았던 마지막 포스터는 한 장의 사본이 남아 60여 년의 세월을 훌쩍 건너 발견되었다. 마치 조지 6세의 어눌하면서도 강단 있는 목소리를 들려주는 듯하다. 포스터는 영국을 상징하는 붉은색 바탕에 하얀색으로 그려진 조지 6세의 튜더 왕관tudor crown과 길 산스Gill Sans 글꼴의 'KEEP CALM AND CARRY ON'이 대문자로 쓰여 중앙 정렬되어 있

(좌)'KEEP CALM AND CARRY ON'포스터
(중)길 산스 서체 디자인 아이디어
(우)포스터 디자인 이용 제품들

다. 일반적으로 산세리프San Serif, 획의 삐침이 없는 글씨체로 이루어진 글은 단단하고 투박해 보이지만 이 포스터의 글은 꼭 그렇게만 보이지는 않는다. 위엄을 가지고 있으면서 부드러움을 가진 목소리로 '다들 차분하게 하던 일을 계속하라'고 말하는 듯하다. 포스터에 사용된 길 산스 글꼴은 영국 태생의 조각가 에릭 길Eric Gill이 산세리프의 기하학적 기본 골격과 세리프의 리듬감 있는 비례를 조화롭게 적용해 디자인한 서체이기 때문이다. 전통적으로 보아온 세리프의 유려함과 산업화의 기운으로 태어난 강렬하고 투박한 산세리프가 모두 담겨 신뢰감에 '부드러운 위엄'이 더해진다.

왕실 저작권Crown copyright이 만료됨에 따라 이 포스터의 디자인을 누구나 사용할 수 있게 되었고 많은 제품에 디자인으로 사용되는 것은 물론 각종 패러디 포스터로 재탄생한다. 디자인으로 혹은 패러디로 쓰이며 포스터의 디자인이 사랑받은 이유는 어려서부터 말을 더듬어 형인 에드워드 8세 왕자보다 사랑받지 못했던 조지 6세 왕이 2차 대전 중 독일의 숱한 폭격에도 불구하고 버킹엄궁을 지키며 국민과 함께 차분하게 하던 일을 함께했던 국민이 사랑할 수밖에 없는 왕이었기 때문일 것이리라. 영화 〈킹스 스피치〉의 주인공이기도 하다.

양피지에 신의 목소리를 담았던 글자는 사람의 목소리를 흉내

내면서 사람들의 성품만큼이나 다양한 글꼴들이 탄생한다. 넘쳐 나는 브랜드의 목소리를 담기 위해서 글자는 이제 질적인 진화를 하고 있다. 섬세하고 세심하게 조절되고 잘 만들어진 글꼴이 출연 하고 있고 그것도 모자라 브랜드만을 위한 글꼴이 만들어지기도 한다.

사람들이 기억과 연상을 통해 떠올릴 수 있는

브랜드만의 목소리를 내기 위해……

디즈니랜드가 우리에게 친숙한 이유

단어|word

단어에도 역사가 있다. 단어가 처음 만들어졌을 때부터 사람의 삶을 따라 변화해 현재의 모습에 이르기까지를 단어의 역사라 볼 수 있다. 단어의 어원etymology을 보면 그 시대 단어의 의미와 사람들을 더욱 명확히 느낄 수 있다. 단어는 사람들의 필요에 의해 만들어졌기 때문이다. 그래서 가끔 단어의 어원을 찾아보면 꽤 흥미로운 사실들을 발견할 때가 있다.

얼마 전 '물건物件'이란 단어를 찾아보고 재미난 사실을 알게 되었다. '물物'은 '소牛'가 '쟁기勿'를 끌고 가는 형상이다. 소가 땅을 갈고 거기서 수확되는 것들을 의미하는 것 같다. 농경사회에서 생긴 단어의 의미로는 적절해 보인다. '건件'은 '사람人'이 '소牛' 앞에서 끌고 가는 형상이다. 이 두 글자가 모여서 '물건'이 된다. '물' 자 하나로도 충분한 의미가 되는데 왜 '건' 자가 합쳐져야 완성된 단어가 될까 하는 궁금증이 생겼다.

피터 드러커는 효율성efficiency과 효과성effectiveness에 대해 그의 저서

단어의 생성 과정

에 서술한 적이 있다. 피터 드러커가 말하는 효율성은 '일을 옳게 하는 것Doing the thing right'이고 효과성은 '옳은 일을 하는 것Doing the right thing'이다. 두 가지를 오버랩시켜 보니 '소가 쟁기를 끄는 것'이 일을 바르게 하는 효율성에 관련된 것이고, '쟁기를 끄는 소를 사람이 인도하는 것'은 효과성에 관련된다. 두 가지 관점으로 '물건'의 의미를 살펴보니 '올바른 것을 옳게 만드는 것'이라는 뜻이 된다. 한자로는 경작하는 모습으로 '물건'이란 단어가 만들어졌지만, 유럽에선 '경작하다'라는 의미를 가진 라틴어 'cultura'는 culture의 어원이 되기도 한다. 의미는 다르지만 서로 묘하게 닮은 구석이 있다. 단어는 태생적으로 그 안에 사람의 삶을 담고 그들의 삶 속에서 섬세하게 다듬어져 현재에 이르게 된다. 변화의 과정에서 단어는 같은 의미로 전해 오기도 하고 본질적인 것은 간직한 채 말초적 의미가 변하기도 한다.

**그래서 단어는 그 안에 사람, 삶, 사건, 이야기 등을
응축하고 살아 움직이며 무언가를 상징하는 유물이다.**

《감각의 박물학》[2004]에서 다이앤 애커먼은 사람의 눈은 단어를 10분의 1초 만에 시각중추에 전달하고 받아들인 정보를 뇌에서 그동안의 경험과 비교해 의미를 이해한다고 말한다. 단어를 보거나 들으면 본능적으로 드러난 의미와 감춰진 의미를 해석한다. 그래서 브랜드텔링은 단어를 잘 선택해서 사용해야 한다. 단어 하나가 브랜드를 상징할 수도 있기 때문이다. 어원이 변해 섬세하게 다듬어져 단어가 변화하듯이 브랜드텔링에 사용된 단어도 마찬가지이다. 브랜드가 하는 모든 일과 단어가 만나 새로운 의미의 단어가 재탄생한다. 그렇게 브랜드텔링은 단어만으로도 강력한 메시지를 보낸다.

디즈니랜드는 방문 고객의 경험을 변화시키기 위해 단어로 운을 떼웠다. 고객을 호칭하던 커스터머customer나 컨슈머consumer란 단어를 쓰지 않고 집으로 초대한 손님을 의미하는 게스트guest라 바꾸어 부르도록 했다.

"당신은 우리 집의 귀한 손님입니다. 따뜻하게 맞이하겠습니다."

또, 직원을 부르던 스태프staff란 호칭을 바꾸어 공연하는 사람을 의미하는 캐스트cast라 부르도록 한다.

"우리는 어디에서든 초대한 손님을 위해 재미있고
즐겁게 공연하는 배우입니다."

디즈니랜드 'home' 캠페인 로고

초대한 손님을 나의 가족처럼 배려하고 디즈니랜드 곳곳에서 그들을 위한 깨알 같은 공연이 펼쳐진다. 보는 사람도 행복하고 행하는 사람도 즐거운 우리 집처럼 따뜻한 공간이 되는 것이다. 실제로 디즈니랜드의 직원 중 일부는 시키지도 않았는데 자발적으로 공연 의상을 입고 배우처럼 연기하듯 일을 했다고 한다. 청소하는 직원들이 어디서든 바닥에 디즈니 캐릭터 그림을 그리는 것도 같은 맥락인 듯하다.

디즈니랜드는 'home'이란 콘셉트를 만들고, 그 브랜드 콘셉트에 초점을 맞춘 단어만으로 훌륭한 브랜드텔링을 한 것이다. 브랜드 안에서 재탄생한 단어의 의미 변화는 브랜드의 정신과 그에 따른 행동 때문에 일어난다. 단어가 브랜드와 함께 온전하게 살아서 브랜드를 대표할 수 있으려면 그 안에 브랜드와 함께하는 사람을 향한 메시지가 있어야 한다. 그래야 사람들이 계속해서 찾고, 사용하고, 사랑해준다.

18세기 중엽 영국에서 기술혁신으로 인간의 삶을 바꾸겠다며 '산업혁명'이 일어난다. 하지만 대량 생산된 제품들은 조악하기 그지없었고, 이에 윌리엄 모리스를 비롯한 학식 있는 예술가들이 사람들에게 수공예가 지닌 아름다움을 기계가 빼앗아가지 않게 하기 위한 미술공예운동을 벌인다. 이때 등장한 예술 사조가 아르누보Art Nouveau 이다. Art예술와 Nouveau새로운의 조합으로 한마디로 Art New라는 의미다. 인간을 향한 사랑에서 시작하여 인간에게 아름다움을 선사하는 자연을 모티브로 한 새로운 양식이었다. 그리고 아르누보는 세기를 지나 시대에 따라 모습을 바꾸면서 현재까지도 회화 및 패션

1891~1900　1900~1934　1934~1970　1970~1986　1986~2002　2002~2004　2004~현재

아르누보 스타일의 GE 로고 역사

등 다양한 분야에서 영향을 미치고 있는 하나의 예술 양식을 지칭하는 단어가 된다.

90년대 중반엔 우리나라에도 'New'의 열풍이 분다. 어떤 제품이든 이름 앞에 'New'가 붙은 새로운 제품으로 쏟아져 나왔다. 사람들에게 새로운 기능을 더했다거나 디자인이 바뀌었다든가 등을 이야기하며 가격을 조정하고 출시되었다. 당시 자동차 브랜드도 다 '뉴'를 붙이고 새롭게 출시되었다. '뉴 그랜저', '뉴 소나타', '뉴 코란도' 등…….

그런데,

그 옛날의 'Nouveau'는 지금도 살아 숨 쉬며 진화하고 사랑받고 있건만,

그 새롭다던 'new'들은 다 어디로 갔을까?

보이는 것만 바꾼다고 해서 모든 것이 해결되는 것은 아니다.

가장 중요한 것은 눈에는 보이지 않는 법이니까.

애플은 왜 판매가 아닌 문제 해결에 집중하는가

메시지와 행동message and behaviour

> 메시지는
> 낱말을 사용해서 정보를 주고받는 언어적 메시지verbal와
> 행동으로 뜻을 주고받는 비언어적 메시지nonverbal로 나뉠 수 있다.
> ─ 〈위키백과〉, '메시지'

뉴욕 맨해튼에서 가장 비싼 땅값을 가진 5번가에 정말 이상한 전자제품 판매점이 있다. 비용은 아끼고 수익을 늘려야 하는 판매점에 일하는 사람만 300명이 넘는다. 한쪽에 '지니어스바GENIUS BAR'라고 쓰인 장소에는 직원의 절반인 150명 정도가 근무하고 있다. 게다가 직원들은 곳곳에서 고객들과 신변잡기부터 제품정보까지 이야기 삼매경에 빠져 있지만 제품을 구매하란 말은 하지 않는다고 한다. 그래도 그들은 모두 기분 좋아 보인다. 1년 365일 24시간 동안 하루도 빠짐없이 계속해서 열려 있는 이곳은 '애플스토어'이다.

모든 것이 하나같이 일반적이지 않은 애플스토어의 의문을 풀기

Apple Store, Fifth Avenue

Address:
767 Fifth Avenue
New York, NY 10153
(212) 336-1440

Driving directions and map ›

Store hours:
24/7, 365 days
a year

1년 365일 주7일 24시간 운영한다는 내용의 뉴욕 5번가의 애플스토어 안내(출처: apple.com)

위해선 키가 되는 메시지 하나를 알아야 한다. 2001년 5월 19일 버지니아 타이슨 코너 센터에 첫 번째 애플스토어가 오픈되었을 때 스티브 잡스는 인터뷰를 통해 중요한 메시지 하나를 시사한다.

판매가 아니라, 오히려 고객들이 문제를 해결하는 것을 돕는다.
Not to sell, but rather to help customers solve problems.

단어는 사람, 삶, 이야기 등을 담고 태어났다. 그 단어들이 모여 만들어진 메시지는 전달하고자 의도하는 내용을 세심하게 담을 수 있기에 더욱 직접적인 묘사와 표현이 가능하다. 게다가 메시지는 전달자의 말과 글을 통해서 사람들에게 전달된다. 아주 쉬운 의사소통이다. 하지만, 브랜드에겐 그리 쉬운 일이 아니다. 브랜드는 사람들의 귀에 대고 직접 이야기를 할 수 없기 때문이다. 글은 시각물을 통해 알릴 수 있겠지만 말과 함께 제스처, 얼굴 표정, 표현 등이 어우러져 이루어내는 설득력 있고 신뢰가 가는 직접적인 대화를 브랜드는 할 수 없다. 그래서 브랜드가 메시지를 효과적으로 텔링하려면 언어적 메시지보다 비언어적 메시지를 잘 활용해야 한다. 애플은 비언어적 메시지를 참 견고하게 잘 만들어 실행하고 있다.

◎ 판매를 위한 것이 아니다

애플스토어에선 직원이 판매를 해도 판매수수료가 따로 없다. 판매를 위한 스토어가 아니니 판매를 하는 것이 공이 아닌 것이다. 공이 아니니 상을 줄 필요는 없다. 직원들에게 판매가 우선이 아니라는 것을 규칙을 통해 알려주고 있는 것이다.

> 판매를 많이 할 필요까지는 없습니다.
> 고객이 뭘 원하는지, 어려워하는 점이 무엇인지 찾아내면 됩니다.
> — 데이비드 암브로스, 버지니아주 알링턴 애플스토어 근무 직원

◎ 고객들이 문제를 해결하는 것을 돕는다

판매가 목적이라면 직원이 300명까지 필요하진 않지만 고객의 문제를 해결하기 위해서라면 많은 직원이 있어야 한다. 메시지를 비언어적인 방법으로 전달하기 위한 가장 중요한 고객 접점은 브랜드 구성원이다. 그들이 메신저가 되어 행동으로 말할 수 있도록 하기

위해선 잘 짜인 매뉴얼과 교육이 필요하다. 애플은 직원 교육 매뉴얼에 'APPLE'이라는 글자를 이용하여 서비스 단계 지침을 만들었다.

A Approach customers with a personalized warm welcome

(개인화된 따뜻한 환영의 메시지를 가지고 고객에게 접근할 것),

P Probe politely to understand all the customer's needs

(고객이 무엇을 원하는지 모두 이해할 수 있도록 공손하게 알아볼 것),

P Present a solution for the customer to take home today

(고객이 오늘 집으로 가져갈 수 있도록 해결책을 제시할 것),

L Listen for and resolve any issues or concerns

(주의 깊게 듣고, 어떤 문제나 걱정이든지 해결할 것),

E End with a fond farewell and an invitation to return

(친절한 작별 인사와 함께 다시 방문해주기를 청하며 끝맺을 것).

이 지침을 읽어보면 판매라는 말은 어디에도 없고 고객의 문제가 무엇인지 공손하게 경청하고 해결책을 제시하라는 내용이다. 지니어스바도 끊임없이 찾아오는 고객들의 문제를 멋지게 해결해주기 위해 150여 명 정도가 교대로 자리를 채우며 찾아온 사람들을 돕고 있다. 그리고 문제의 발생은 언제든 일어날 수 있으니 판매점은 24

시간 열려 있어야 하는 것이다.

> 맨하탄 애플스토어의 경우, 24시간 열려 있게 될 것이며,
> 300명의 직원이 일하고, 그중 절반인 150명이
> 지니어스바에서 일합니다.
> 새벽 2시에 영화를 편집하다 문제가 생겼다구요? 그럼 여기로 오면 됩니다.
> ― 스티브 잡스, 맨하탄 5번가에서

(상)300여 명이 근무하는 애플스토어의 종업원들
(하)애플스토어 내 지니어스바와 상담하는 직원들

한 번 더 스티브 잡스의 메시지를 조금 더 꼼꼼히 읽어보면 '고객의 문제를 해결하라'는 것이 아닌 '고객이 문제를 해결하는 것을 도우라'는 말이다. 고객이 직접 사용하고 문제를 해결한다면 고객 자

신이 주체가 되어 브랜드를 체험함으로써 더 가까워질 것이 분명하기 때문이다. 브랜드만의 특별한 메시지와 구성원들의 행동, 그리고 고객 체험이 일치할 때 브랜드가 전하고자 하는 메시지는 강력한 힘을 갖게 된다. 그동안 기업들의 훌륭한 메시지를 많이 보아 왔다. 훌륭한 문장가들이 지은 탁월한 느낌의 메시지들이 많은 매체를 통해 전파되었다. 탁월한 메시지, 훌륭하고 이상적인 메시지 다 좋지만 메시지에 부합하는 지속적인 행동이 겸비되지 않으면 메시지는 모두 사라지고 사람들의 기억 속에도 남아 있지 않게 된다. 덧붙여 허언을 하는 브랜드가 되어 가볍게 느껴지게 되는 것이다.

그래서 그 옛날 공자孔子도

말은 좀 느리고 둔해도 행동이 민첩해야 한다.

君子欲訥於言, 而敏於行.

는 말을 했나 보다. 《논어》, 이인편 24장

상징성을 지닌 숫자의 매력

숫자|numeral

모든 것에서 수를 없애보라.
그러면. 모든 것은 사라질 것이다.
— 성 이시도루스, 에스파냐 성직자

'1970년 4월 11일 미국 동부 표준시 13시 13분 케네디 우주 센터
에서 아폴로 13호가 발사된다. 그리고 이틀 후인 4월 13일 아폴로 13
호가 지구에서 321,860km 떨어진 지점에 도착했을 무렵 산소 탱크
가 갑자기 폭발했다.'

이 글을 읽고 '13'이란 숫자가 가지고 있는 '저주의 의미'를 떠올
렸다면 우리는 이미 숫자가 주술적 성격을 갖고 있음을 알고 있다는
것이다. 다행히도 4월 17일 아폴로호의 모든 승무원이 살아서 귀환
한다. 나사는 이 프로젝트를 성공적인 실패successful failure라 평가하기도
한다. 그로부터 16년이 지난 1986년 1월 28일 우주왕복선 챌린저호
가 땅을 박차고 출발한 지 73초 만에 굉음을 내며 엄청난 섬광과 함

께 사라지고 만다. 승무원 7명 모두 사망한 사고였다. 민간인 교사도 포함되어 있었기에 더욱 안타까운 사고로 기억된다. '7'은 행운의 숫자이며 생명의 숫자임에도 행운은 없었고 생명은 모두 사라져 갔다.

그러면 '13'과 '7'의 주술적 상징성은 잘못된 믿음이지 않을까? 그래도 왠지 모르게 그 숫자들이 찜찜하다.

수數, number에 대한 개념은 인류의 출현과 함께 시작되었다. 수에 주술적 성격이 있음도 이에 대한 증거일 것이다. 숫자數字, numeral가 없을 때 사람들은 수를 나타내기 위해 뼈에 눈금을 새기기도 했고이상고 뼈(ishango bone), 콩고, 매듭으로 수를 표현하기도결승법(quipu), 잉카 신체 부위를 숫자로 일대일 대응뉴기니 파푸스족시켜 수를 세기도 했다.

1세기 인도에선 위대한 숫자의 원형이 발명된다. 발명은 인도에

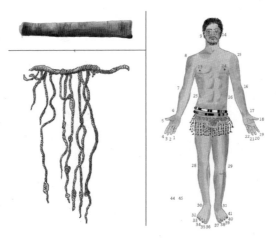

(좌상)이상고 뼈, (좌하)결승법, (우)신체 부위 일대일 숫자 대응

서 했지만, 세계적으로 퍼트린 건 아라비아기에 그 이름은 아라비아 숫자arabic numerals이다. 아라비아 숫자는 19세기에 전 세계가 공통으로 사용하게 된다. 세계가 공통으로 같은 숫자를 사용하게 된 건수를 헤아리거나 계산하는 등 그 쓰임은 같기 때문일 것이다. 숫자의 쓰임 중에 무엇보다 중요한 역할은 기록이다.

기록을 위해서 숫자는 상징성을 갖고 있어야 하고
동시에 기억하기 쉬운 형태여야 했다.

아라비아 숫자는 15세기에 걸쳐 변하고 발전하여 지금의 모습이 된다.

숫자가 갖고 있는 기억하기 쉬운 형태와 상징성을 이용해 브랜드는 하고 싶은 말을 효율적으로 이야기할 수 있다.

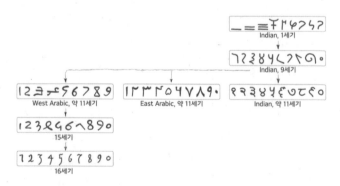

힌두-아랍 숫자의 발달 과정

1906년 사업가 세 명이 뭉쳐 고품격 펜 제작을 목표로 '심플로 필로 펜 컴퍼니Simplo Filler Pen Co.'라는 회사를 함부르크에 설립한다. '최고'와 '완벽'을 추구하는 사업가 세 명이 뭉쳤으니 만들어진 펜도 그 기질을 갖고 있었을 것이다. 1909년 사명을 서유럽 최고봉의 산 '몽블랑'으로 브랜드 이름을 변경하고 1924년엔 마이스터스튁 Meisterstuck 시리즈를 내놓는다. 그리고 마이스터스튁 시리즈는 몽블랑 브랜드의 시그니처 제품이 된다. '명작'이란 의미의 마이스터스튁은 완제품 생산까지 6주 이상 소요되고 250가지 공정을 거친다. 만년필의 핵심 부품인 펜촉은 제작하는 공정만도 35단계에 테스트도 15가지를 통과해야만 비로소 완벽한 마이스터스튁의 펜촉이 된다. 완성된 펜촉엔 최종적으로 '4810'이라는 숫자를 새긴다. '4810'이란 숫자는 몽블랑산의 높이로, 최고의 상징이자 최고의 만년필을 상징한다.

**상징적 숫자가 가진 최고最高라는 자부심과
최고의 제품이라는 자부심을 동일시한 것이다.**

그걸 상징이라도 하듯 마이스터스튁의 펜캡 정상엔 몽블랑산의 만년설을 상징하는 몽블랑의 로고 '화이트 스타'가 자리 잡고 있다.

숫자는 높이, 거리, 길이를 표현하고, 표현된 숫자로 그 정도를 가늠할 수 있다. 사람들이 기록한 최고의 높이, 최고의 거리는 사람

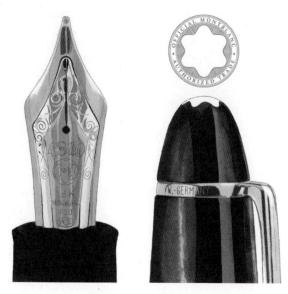

몽블랑 마이스터스틱 만년필

들의 도전과 좌절, 성공의 이야기가 녹아 있기도 하다.

기원전 490년 마라톤 평원. 페르시아와의 전쟁에서 승리한 그리스가 아테네에 승전보를 전하기 위해 전령이 달린 거리는 42.195Km. 전령 페이디피데스가 뛰어가 승리를 전하고 쓰러져 숨진 이야기는 다소 외우기도 힘든 숫자 42.195를 마라톤이라는 경기의 상징으로 만든다. 숫자를 들으면 마라톤을, 마라톤을 들으면 숫자가 생각난다. 그리고 뒤이어

그 기나긴 거리를 뛰어간 페이디피데스의 모습을 떠올린다.

숫자가 사람의 노고를 상징할 때 그 숫자는 공감을 이끌어 내며 빛을 발한다. 영국의 자동차 서스펜션 기술자 조지 카워다인George Carwardine은 발칙하고 기발한 생각을 한다. 사람의 팔을 흉내 내어 어느 위치든 움직여 빛을 비출 수 있는 조명을 구상했다. 그러기 위해서 그는 스프링을 사용했다. 조지 카워다인은 차의 무게를 지탱하는 서스펜션 시스템 분야의 전문가였기 때문에 '안정감 있게 균형을 잡고 원하는 곳을 비출 수 있는 조명의 원형'을 개발할 수 있었다. Anglepoise Original 1227, 1933

앵글포이즈를 대표하는 모델은 앵글포이즈 오리지널 1227이다.

'1227'

이 네 자리 숫자를 모델명으로 한 이유는 무엇일까? 숫자 '1227'은 천이백스물일곱 번째로 만든 모델이란 뜻이다. 조지 카워다인과 허버트 테리 & 손즈Herbert Terry & Sons 회사는 조명 디자인이 나오는 대로 순차적인 번호를 붙였다. 1227번째로 만든 모델이 테스트를 거쳐 완벽한 제품이 되었고 이후로도 가장 많은 사랑을 받아 대표적인 모델이 된 것이다. 아무것도 없는 종이에 아이디어를 옮기고 굳은살 박인 손으로 금속에 스프링을 걸어 사람의 팔을 닮은 조명이 완성되기를 천이백스물일곱 번이나 했단 얘기이다. 땀과 정성이 담긴 모델이기에 많은 사람의 사랑을 받았던 모양이다. 그렇게 탄생한 앵글포이즈는 75주년이 되는 2009년에 영국왕실 우정국 우표royal mail stamp의 영국의 대표 디자인 10가지 중 하나로 선정되어 발행되기도 한다.

브랜드가 숫자로 말할 때 깃든 이야기에 따라 숫자는 자부심의 상징이 되기도 하고 열정의 상징이 되기도 한다. 자부심과 열정의 주인공은 물론 사람일 것이다.

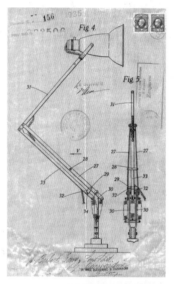

(좌)앵글포이즈 1227 특허, (우)1935년 출시된 앵글포이즈 1227

숫자로 이야기하려면 이야기가 담긴 숫자가 필요하다.
나열된 숫자에 공감할 삶이 있기 때문이다.

사람들에게 아무 의미 없는 숫자를 맹목적으로 강요한다면 쏟아
지는 정보에 시달리고 암기에 질린 사람들이 피곤해하지 않을까?

소비자의 삶에 귀 기울이다
브랜드텔링에 담기는 '나'

> 대화의 제1 규칙은 경청.
> 당신이 타인의 말에 귀 기울이지 않으면,
> 그들도 당신의 말에 귀 기울이지 않는다.
> — 래리 킹, CNN의 라이브 토크쇼 진행자

누군가의 말에 귀 기울이는 것이 중요한 이유는 말의 내용을 정확히 이해하기 위함도 있지만, 그 사람을, 그 사람의 말을 존중하고 있음이 암묵적으로 표현되기 때문이다. 들음으로써 말하고 있는 것이다. 래리 킹은 우선 상대의 말을 경청해야 당신과 당신의 말이 존중받을 수 있다고 말한다. 말 그대로 경청은 그 자체만으로 양방향 소통이 되는가 보다. 경청傾聽이란 단어는 한쪽으로 치우쳐 왕王의 마음心을 가지고 귀耳로 듣고 눈目으로 바라본다는 의미가 있다. 나를 내세우지 않고 상대방에게 온 마음과 귀, 눈을 기울여 들어야 한다는 뜻인 듯하다. 브랜드가 하는 말도 경청하는 사람이 없으면 아무리 훌륭한 정신과 메시지를 말한다 해도 소용이 없다. 들어주는 사람이 없으니 무주공산無主空山에 외치는 느낌이 든다. 그래서 브랜드는 먼저 사람들의 말을 경청해야 한다. 사람들은 자신의 말을 경청한다는 느낌이 들면 그제야 브랜드가 내는 목소리에 관심을 두기 시작하기 때문이다. 글자, 단어, 문장, 숫자 등을 이용해 만들어진 브랜드텔링의 메시지 속에 또 하나 포함되어야 할 내용이 있다.

'당신의 이야기를 경청하고 있습니다.'

브랜드가 나의 이야기를 경청해야 그 브랜드가 말하는 브랜드텔링에 '내'가 담길 수 있는 것이다.

◎ 제품이 '나'를 말한다 ― 애플에서 'i'

때론 제품 속에서 내 모습을 볼 때가 있다. 어느 순간 제품이 '나'의 생각과 행동을 대변하는 것 같고 '나'의 제품사용을 옆에서 보기라도 한 듯 원하는 기능과 디자인을 턱 하니 눈앞에 내놓을 때가 있다죠. 제품을 만드는 브랜드가 사용하는 사람을 경청할 때 제품은 '나'의 곁으로 와서 친구가 되고 분신이 된다.

1985년 스티브 잡스는 애플을 떠났다가 13년만인 1997년 7월 애플로 복귀를 한다. 이후 애플의 제품 브랜드명에는 iMac을 필두로 'i'라는 문자가 접두어처럼 붙는다. iMac, iPhone, iPod, iPad

등. 1997년엔 인터넷internet이 전 세계적으로 퍼지고 있었기 때문에 iMac의 'i'는 인터넷을 상징하고 연결을 상징하는 것으로 이해되었다. 18년 동안 애플의 사람과 제품을 관찰해온 경험으로 보면 'i'는 'I 나'가 아닐까 싶다. 애플의 제품은 '내가 원하는 것'과 '상상도 못 했지만 내가 원했을 것'도 만든다. 사람들은 그것을 애플의 '혁신'이라 부르며 '혁신'이 없어 보이는 애플의 제품을 조롱까지 한다. 애플은 '나를 위한 혁신을 꼭 보여줘!'라는 말을 듣고 그에 답하듯 제품의 혁신을 만들고 있다. 그리고 새로운 제품을 가지고 살아가는 사람들의 모습을 영상으로 보여준다. 어쩌면 애플은 그런 그들의 모습을 수없이 상상했을 것이다. 사용하는 '나'의 소리를 경청하기 때문이다.

◎ '나'의 생활을 말한다 — 현대카드의 'Life'

고객 500만 명의 라이프스타일 분석, 4만 2천 통의 아이디어 이메일, 25,000마일의 벤치마킹 트립, 250번의 TFT 회의, 100여 개의 신규서비스 리스트업, 54번의 임원토론, 30여 종의 카드 디자인, 8개월에 걸친 8개 연합팀의 개발 과정……. 현대카드에서 플래티넘 3시리즈 카드를 만들기 위해 실행한 활동들이다. 현대카드는 사람들의 생활 속으로 파고들어 '나'의 'Life'를 경청한다. 카드를 만드는 회사지만 경청해서 들은 '나'의 '생활과 문화'를 새로이 만들어내고 있다.

딸: 아빠는 회사에서 무슨 일을 해요?

아빠: 세계에서 1, 2 등 하는 스포츠 선수를 한국에서 대결시키지.

딸: 카드회사라며…….

아빠: 세계적으로 유명한 여행가이드 북도 내고.

딸: 카드회사라며…….

아빠: 미국에 있는 미술관도 내 집 드나들 듯 가고.

딸: 카드회사라며…….

아빠: 헬기도 몰고, 캠핑카도 몰고, 요트도 몰고.

딸: 카드회사라며…….

아빠: 허허 이걸 어쩌나. 얼마 전엔 콘서트도 열었는데?

딸: 카드회사라며……. 아빠! 카드회사 다니는 거 맞아?

아빠: 글쎄다. 아빠도 가끔 헛갈려서.

— 현대카드 광고 대사 중

현대카드 광고

◎ 공간이 '나'에게 말한다 — 스타벅스의 '제3의 공간'

'나'의 집이 아닌 공간에서 편안함을 느낄 수 있는 건 공간이 '나'의 몸과 마음이 하는 이야기를 경청하기 때문이다. 편안한 마음을 갖게 하는 공간은 '나'에게 고스란히 추억으로 남게 된다.

플로리다대의 사회학 교수인 레이 올든버그Ray Oldenburg는 저서인 《아주 좋은 장소》에서 사람들이 모일 수 있고, 직장이나 집에 대한 관심을 잊고, 쉬며 이야기할 수 있는 비공식적인 공공장소가 필요함을 이야기한다. 이 글에 영감을 받은 스타벅스의 CEO 하워드 슐츠Howard Schultz는 현대를 살아가는 '사람들의 고독'에 귀 기울인다. 그리고 그들에게 집과 직장에 대한 걱정을 잠시 접어두고 편안하게 쉴 '제3의 공간'을 스타벅스 브랜드의 중심에 둔다. '제3의 공간'은 관찰과 경청을 통해 시대에 따라 변하는 '나'에게 편안하게 맞춰진다. 노트북으로 일하기 편한 모바일 인테리어로 바뀌기도 하고 주문

(좌)스타벅스 공간, (우)사이렌오더 모바일 화면

방법도 모바일로 바뀐다. 그리고 편안하지 않은 것들은 다시 슬며시 사라진다.

인지과학자 도널드 노먼Donald A. Norman 교수는 그의 저서 《심플은 정답이 아니다》에서 희망선desire lines에 대해 이야기한다. 많은 돈을 들여 조경을 꾸미고 고급스러운 돌로 포장한 인도가 있는 어느 주상복합 단지가 있다. 그런데 잘 꾸며 놓은 인도에서 멀지 않은 곳에 자연스럽게 샛길이 생긴다고 한다. '계획적으로 잘 꾸며 놓은 인도가 있는데……' 하며 관리자들은 볼멘소리를 하겠지만 이 길은 사람들이 그곳에 살면서 가장 효율적인 경로를 찾아 만든 희망선이라 한다. 희망선은 한 사람에 의해 생기는 것이 아닐 것이다. 여러 사람의 잠재된 요구가 암묵적 공감을 형성할 때 그곳을 걷는 사람이 생기고 길이 생기는 것이다. 그리고 삶이 생겨난다.

'나'를 경청하고 '나'보다 먼저 희망선을 찾아주는 것

그게 '내'가 브랜드에 바라는 것이다.

다르지만 같은 느낌, 같지만 다른 제품

제품이 '나'를 말한다

> Empathy는 누군가의 모카신뒤축 없는 신을 신고 1.6킬로미터를
> 걸어보는 것이고, Sympathy는 그들의 발 통증을 안타까워하는 것이다.
> ― 레베카 오도넬, 《프리크: 불안한 중독자들의 진실한 이야기》

영화 속에 등장하는 인물들을 보면서 그들에게 일어난 일이 마치 현실에서 '나'에게 일어난 일인 것처럼 느낄 때 '공감共感한다'고 말한다. 누군가 나에게 '공감해!'라는 말을 해주면 그는 나의 모든 것을 이해하고 믿어줄 것만 같다. '공감'은 의미뿐만 아니라 어감마저도 따뜻함을 주는 단어이다. '공감'을 뜻하는 영어 단어는 sympathy와 empathy 두 가지가 있다. sympathy는 그리스 어원 sym함께과 path감정의 합성어로 '함께 느끼는' 이란 의미이며, empathy는 em속으로과 path의 합성어로 '상대방과—속까지—함께 느끼는'이란 의미라 한다.

비슷한 의미의 단어가 두 개가 있음은 그 쓰임이 다르기 때문일 것이다.

sympathy는 18세기 도덕철학에서 중요한 개념으로 등장해 의무감을 내재한 이성적 공감을 의미하며, empathy는 19세기 중반 이후 독일의 철학적 미학 영역에서 처음 사용되어 영어권에 소개된 단어로 마음마저도 동화되는 감성적인 공감을 뜻한다. 두 단어는 태생이 다르므로 쓰임도 미묘하게 차이가 난다. 둘 중 어떤 단어가 더 좋은 의미라는 등의 비교보다는 상황에 따라 다른 의미와 요구에 대한 이해가 필요하다.

애플은 다른 두 가지 공감을 이용해 브랜드텔링을 한다.

1985년 애플을 떠난 13년 동안 스티브 잡스는 세계 최초의 객체 지향형 운영 체제 'NeXTSTEP'을 만들어 훗날 서드 파티 개발자 혹은 개인이 앱을 개발하기 쉬운 환경을 만드는 기초를 다졌고, 세계 최초의 Full 3D 애니메이션 〈토이 스토리〉로 새로운 콘텐츠의 방향을 제시한다. 1997년 애플은 NeXT를 인수하면서 스티브 잡스도 함께 영입하게 된다. 그리고 애플의 제2의 전성기가 시작된다. 그로부터 1년 후 1998년 애플은 완전히 새로운 모습의 컴퓨터를 선보인다. 맥킨토시Macintosh의 애칭이었던 'Mac'에 당시 인터넷을 상징하는 접두문자 'i'를 붙인 'iMac'이란 이름을 가진 컴퓨터였다.

아이맥iMac을 시작으로 애플은 'i'를 접두어로 하는 새로운 제품, 새로운 서비스를 선보인다. MP3 플레이어인 아이팟iPod, 아이팟에

1998년 출시된 iMac과 제품을 닮은 애플 로고

음악 콘텐츠를 제공하는 아이튠즈iTunes, 스마트폰인 아이폰iPhone, 디바이스의 콘텐츠를 공유하는 아이클라우드iCloud까지 새로운 서비스는 인터넷 연결을 기반으로 만들어진다. 애플의 모든 제품이 인터넷을 통해 유기체처럼 연결되고 콘텐츠를 공유하며 사람들 곁에서 살아가고 있다. 그 중심에는 언제나 손에서 떠나지 않고 체온과 더

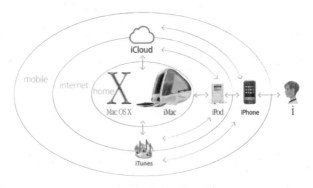

애플의 제품이 유기체처럼 연결되어 공유하는 모습

불어 콘텐츠도 나누는 아이폰이 있다. 아이폰은 객체지향 운영체제 'NeXTSTEP'의 핵심을 전수받은 운영체제 iOS를 사용하여 애플의 모든 컴퓨터와 완벽하게 호환된다. 그래서 전 세계 서드 파티와 개인들이 차고 넘치게 만든 애플리케이션을 사용할 수 있다. 한마디로 '기능과 쓰임' 모두를 고려해서 아이폰이 만들어진 것이다. 하지만 아무리 완벽한 것이라 해도 사람들의 공감을 얻어내지 못한다면 무용지물임을 애플은 이미 수년간 터득해 왔다.

◎ 아이폰을 사용하는 '나' ― 기능에 대한 '공감sympathy'

아이폰이 스마트폰의 시작은 아니다. 1992년 IBM이 컴덱스에 콘셉트 제품으로 전시한 시몬Simon이 최초의 스마트폰이다. 이후 노키아, 블랙베리 등이 스마트폰을 출시한다. 2007년까지 스마트폰에 대해 일반 사람들은 거리감을 느꼈다. 스마트폰은 '고가인 데다가 어렵다'라는 인식이 지배적이었다. 이런 인식을 한순간에 없애버린 스마트폰이 바로 아이폰이다. 애플은 2007년부터 현재까지 광고 영상에서 아이폰과 손을 '나'의 눈앞으로 가져온다. 마치 '나'의 손인 것처럼……. 화면에선 가벼운 손가락 터치 몇 번으로 아이폰의 매력적인 기능이 실행된다. 그 정도면 '나'도 할 수 있겠다는 생각이 들도록. 정작 중요한 것은 이런 쉬운 조작 등의 매력적인 '공감의 요소'가 이미 아이폰에 있었다는 것이다. 실제 사용자가 하는 말을 경청하고 관찰하여 정확한 이해를 바탕으로 기능을 구현했기 때문일 것이다. 그리고 그 제작 과정 중 고심했던 한 부분을 고스란히 영상 안에 담았던 것이다.

> 엄지는 여기에서 여기까지.
> 커진 스크린도 여기에서 여기까지.
> 자, 이건 기막힌 우연의 일치일까요?
> 아니면 일반 상식에 환상적인 구현일까요?
> 상식 쪽이 맞겠네요.
> — 아이폰 5S CF 중

아이폰으로 삶을 사는 '나' — 쓰임에 대한 '공감empathy'

'전화만 잘 되면 되는 거 아냐?'라고 생각하는 사람들에겐 매력적인 기능이 아무리 많아도 의미가 없다. 하지만 짧은 그들의 말 속엔 삶에 꼭 필요한 것들이 표현되어 있다. '나와 네가 함께 이야기하기전화'이다. 많은 것이 다 필요 없다 하더라도 '나'와 '너'의 '삶'은 꼭 필요하다. 우리는 그 삶 속에서 '나'를 발견하고 '너와 함께 있는 나'를 발견한다. 영상 속엔 평범한 사람들이 핸드폰으로 무언가를 한다. 꾸며지지 않은 자연스러운 삶을 보는 듯하다.

영상을 통해 '내' 일상의 행동을 하는 사람을 보거나 혹은 평소에 하길 원했던 행동을 하는 사람들을 보면 '나'는 영상에 몰입하게 되

전화의 쓰임을 넘어 인간의 삶에 녹아든 아이폰의 모습

고 동화된다. 그 안으로 들어가 내면 깊숙한 곳에서 '공감empathy'하
게 된다. 아이폰으로 내 삶의 변화를 가져올 수 있을 것만 같은 감정
의 연결고리가 공감을 통해 만들어지는 것이다. 아이폰의 광고 영상
을 보고 '공감'하는 것은 브랜드가 먼저 사람들에게 '경청'하고 '공감'
했기 때문이다. '경청'과 '공감'으로 제품을 만들었기 때문에 브랜드
텔링에 '내'가 존재하고 '나'도 공감할 수 있는 것이다. 그리고 묘한
애정을 갖게 된다.

　　매년 새롭게 소개되는 아이폰에 사람들이 바라마지 않던 '혁신
innovation'이 없으면 엄청난 질타를 받는다. 혁신은 그냥 바뀌기만 하
는 것이 아니기 때문이다. innovation이란 단어가 품고 있는 뜻은 '안
으로 새롭게 하기'이다.

in안으로 + nov새롭게 + ation하기

겉이 아니라 속을 새롭게 만들려면 사용하는 사람에 대해 속속들이 알고 있어야 한다. 아마도 그들이 사람들을 경청하고 관찰한 이유일 것이다.

아이폰과 다른 스마트폰을 바라보고 평가하는 바로미터가 다르기 때문에 아이폰을 좋아하는 '나'는 아이폰을 스마트폰이라 부르지 않는다. 그냥 '아이폰'이라 부른다. 아이폰만의 유일무이한 고유한 가치가 있기 때문에 다른 것과 동일시하는 것에 동의하지 않는 것이다. 휴대전화 플랫폼으로써 스마트폰이라는 울타리 안에 있는 것은 같지만 아이폰은 다른 제품들과는 다르다는 것을 알기 때문이다. 다른 것은 다 따라 할 수 있어도 아이폰에 깃든 마음까지는 따라 하지 못하기 때문이 아닐까?

비슷해 보이지만 절대로 같을 수 없다.

현대카드는 어떻게 카드의 한계를 넘어섰을까
'나'의 생활을 말하다

> 우리의 일은 고객이 욕구를 느끼기 전에
> 그들이 무엇을 원할 것인가를 파악하는 것이다.
> 사람들은 직접 보여주기 전까지는 자신이 무엇을 원하는지 모른다.
> — 월터 아이작슨,《스티브 잡스》

한 번이라도 자신의 사업을 꿈꾸었던 사람들은 출시되자마자 날개 돋친 듯이 팔려 나가는 제품이나 사람들이 몰리는 서비스 상품들을 보면서 '아, 저걸 왜 진즉에 생각하지 못했지?' 하며 한탄하곤 한다. 그런 것을 보면 우리가 놓치는 것은 생각조차 못할 어려운 것이 아니라 어쩌면 단순하고 쉽게 생각해낼 수 있는 것일 수도 있다는 생각이 든다. 대상이 되는 이들이 바로 우리 자신이고, '나' 자신이기 때문이다. 내가 평소에 필요로 하거나 원하는 것을 들여다보면 그들의 필요와 욕구도 알 수 있지 않을까?

스티브 잡스는 자신의 자서전을 위한 작가와의 인터뷰에서 "사람들은 직접 보여주기 전까지는 자신이 무엇을 원하는지 모른다. 아직 적히지 않은 것을 읽어내는 게 우리의 일이다."라는 말을 한다. 잡스가 말한 '우리의 일', 이 일을 어떻게 했느냐가 많은 차이를 만들어낸다. 누구나 알고 있고 드러나 있는 필요와 요구를 채우는 것보다 '나'에게 물어봐도 대답할 수 없는 '나'의 잠재된 필요와 요구를 누군가가 채워준다면 그 순간 '나'와 누군가의 사이엔 끈끈한 감정적 연결고리가 생긴다. 그것은 어쩌면 차이라기보다는 차원이 다른 일이다. 하지만 '나'에게 내가 알지 못하는 '나'의 숨겨진 부분에 대해

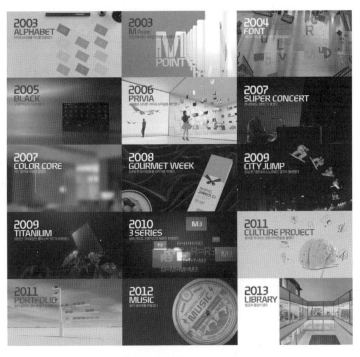

현대카드 히스토리(2003~2013)

브랜드가 이야기를 하고 소통하기까지는 적지 않은 시간과 노력이 요구된다. 현대카드의 지난 18년^{2001년~현재}이 그 예이다.

각종 신용카드가 난무하던 2001년 현대카드는 조금은 뒤늦게 창립을 했다. 그리고 2003년 특별한 카드를 출시한다. 카드 전면에 커다란 알파벳 글자가 새겨진 카드의 각 알파벳은 라이프스타일을 표현한 것이었다.

2006년 신용카드는 화폐의 대체역할이라고만 알고 있었던 '나'에게 현대카드는 이상한 이야기를 들려준다.

> 딸: 아빠는 회사에서 무슨 일을 해요?
>
> 아빠 : 세계에서 1, 2 등 하는 스포츠 선수를 한국에서 대결시키지.
>
> 딸: 카드회사라며…….
>
> 아빠: 세계적으로 유명한 여행가이드 북도 내고.
>
> 딸 : 카드회사라며…….
>
> 아빠 : 미국에 있는 미술관도 내 집 드나들 듯 가고.
>
> 딸 : 카드회사라며…….
>
> 아빠 : 헬기도 몰고, 캠핑카도 몰고, 요트도 몰고.
>
> 딸 : 카드회사라며…….
>
> 아빠 : 허허 이걸 어쩌나. 얼마 전엔 콘서트도 열었는데?
>
> 딸 : 카드회사라며……. 아빠! 카드회사 다니는 거 맞아?
>
> 아빠 : 글쎄다. 아빠도 가끔 헛갈려서.
>
> ― 현대카드 광고 대사 중

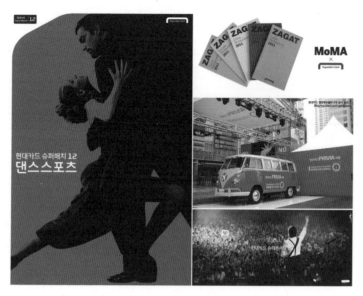

(좌)슈퍼매치, (우상)ZAGAT, (우중)프리비아, (우하)슈퍼콘서트

그 후 현대카드는 타 카드와 다른 움직임을 보인다. '슈퍼'라는 이름을 가진 경기, 공연, 토론회를 개최하고 세계적으로 유명한 사람들을 불러오기 시작한다. '내'가 정말로 좋아하지만 한국엔 오지 않을 것 같은 유명인들이 한국에서 경기_{슈퍼매치}하고, 콘서트_{슈퍼콘서트}를 열며, 세계적인 석학들이 한국에 모여 토론_{슈퍼토크}의 장을 펼친다. 세계 3대 오페라 〈뉴욕 메트로폴리탄 오페라〉_{레드카펫}를 국내 최초로 열기도 한다. '컬처프로젝트'를 통해 예술가뿐만이 아니라 괄목할 만한 건축가와 영화감독, 영화까지 전시하기도 한다.

돈을 대신해서 사용하는 것이 카드가 아니라 가치를 위해 사용

구 분	2005	2006	2007	2008	2009	2010	2011	2012	2013	2014	2015
슈퍼매치	1	2	1		3	2	1				
슈퍼콘서트			2	2	2	6	2	3	2	1	1
슈퍼토크						1	3	1			
레드카펫(영화)			2	6	5	5	5				
레드카펫(뮤지컬)					4	7					
컬처프로젝트							3	5	4	3	3

현대카드의 연도별 컬처프로젝트 시행 횟수

하는 것이 카드라 말하듯, 거장들을 혹은 대작들을 국내로 초대하여 '나'의 가슴을 쳐대며 '나'의 깊숙한 곳에 파묻혀 있는 것을 하나씩 꺼내 보여준다. 내가 동경하던 사람과의 조우, 책으로만 보던 대작의 향연, 현대카드의 초대는 '나'의 안에 그들을 만나고자 했던 잠재된 마음이 있었다는 것을 일깨워준다. 이런 느낌이 생긴 찰나의 시간은 '나'를 가치 있는 문화의 소비자로 느낄 수 있도록 하기에 충분한 시간이다.

문화콘텐츠를 통해 잠자던 '나'에게 속삭이며 문화에 대한 잠재 욕구를 깨워주었던 현대카드는 '나'를 위한 공간들을 만들기 시작한다. 문화공연을 개최할 수 있는 공연장언더스테이지, 분야별로 도움이 될 수 있는 도서관라이브러리 등의 공간에 사람을 불러들여 사람과 사람 간의 연결고리를 만든다. 그리고 사람들은 그 공간에서 소속감과 연대감을 느낀다.

현대카드의 언더스테이지는 '한국 대중문화를 이끄는 큐레이터들이 제한도 한계도 없이 영역을 넘나들며 큐레이션' 하는 컬처 큐

(상)현대카드 언더스테이지, (하좌)디자인 라이브러리
(하중)트래블 라이브러리, (하우)뮤직 라이브러리

레이션이라는 시도를 한다. 컬처 큐레이션에 의해 기획된 새롭고 다양한 공연들은 슈퍼 콘서트와 컬처 프로젝트와 연결되며 브랜드만의 음악 정체성을 만들어낸다. 다양함과 새로움이 펼쳐지는 공간이 언더스테이지라면 각 분야의 라이브러리들은 전형적이고 전통적인 '책'이 중심이 되는 공간이다. 현대카드는 라이브러리에 라이프스타일을 더한 뮤직 라이브러리, 트래블 라이브러리, 디자인 라이브러리를 마련한다. 그리고 라이브러리 공간에는 오직 현대카드를 가진 '나'와 지인 둘만을 초대한다.

2001년 설립된 현대카드가 2006년 어느 날 들려주었던 카드사社에 다니는 아버지의 이야기는 그냥 그렇게 끝나는 일회성 구호가 아닌 브랜드가 지속해서 지켜 갈 수 있도록 탄탄히 설계된 현대카드의 브랜딩에 관한 이야기인 셈이다. 그때 무심히 바라보며 귀담아듣지 않았던 '나'는 나도 모르는 '나'를 깨우는 브랜드의 말을 어느샌가 유심히 바라보며 귀 기울이고 있다.

브랜드와 긴밀한 소통이 시작된 것이다.

흔히 가지 않았던 곳을 가기 위해 지도를 찾아보곤 한다. 지도는 위치 정보를 찾기 위한 유용한 도구이다. 하지만 데니스 우드Denis Wood라는 지도 제작자는 '모든 것은 노래한다'는 생각을 가지고 지도에 감춰진 삶의 이야기를 찾아낸다. 그러기 위해 가장 먼저 한 일은 지도에 기능적으로 기재해 넣은 방위, 축적, 길을 없앴다. 다음으로 다른 것들을 그려 넣어서 각각의 지도를 제작한다. 기존의 것들을 다 걷어내고 다른 관점의 것들을 넣으니 그 지도들이 이야기하기 시작했다. 전선이나 TV선 등을 그려 넣으니 그 지도는 다람쥐 길이 되었다. 다람쥐들이 위험을 피하고자 전선들을 이용했기 때문이다. 그는 이 지도에서 인간과 자연은 따로 떨어진 것이 아니라는 것을 느꼈다고 한다. 집마다 울타리만을 넣어보니 그 지역이 따뜻하게 열려 있음을 알았다. 풍경wind chime이 있는 집들에 파문을 넣어 그려보니 동네는 풍경으로 이루어진 하나의 악단과도 같았다. 사람들의 삶 속엔 잠재된 이야기가 있다. 그들의 이야기에 가만히 귀 기울이면 지금까지 아무도 알지 못했던 혹은 누구나 알았지만 소소했던 것을 깊이 깨닫게 될 때가 있다.

귀 기울여 들었을 때 모든 것의 노래를 들을 수 있다.

스타벅스에는 제3의 공간이 있다
공간이 '나'에게 말을 건다

> 우리는 건물을 짓고, 건물은 우리를 짓는다.
> — 윈스턴 처칠

공간은 시간을 간직한다. '나'의 생각과 행동이 깃들어 있는 시간이 공간에 고스란히 스며든다. 그래서, 시간이 흐른 뒤에 그곳에 가보면 지난 시간을 간직한 기억의 조각들이 하나씩 떠오르기 시작한다. 그곳에 머물렀던 '나'를 오롯이 되돌아보며 회상하고 '나'의 정체성을 살펴볼 수 있는 것은 공간이 '나'에게 주는 선물일 것이다.

미국의 사회학자인 레이 올든버그는 저서인 《아주 좋은 장소》에서 시민사회의 제3의 공간에 대해서 이야기한다.

제1의 공간에 대한 개념은 19세기에 정립되었다. 삶의 가장 기본적인 공간이며 휴식을 제공해주는 곳으로 각자의 집이 제1의 공간이다. 직장은 제2의 공간으로 미국을 중심으로 1960년대에 등장한다. 직장은 근로의욕을 불러일으키는 또 하나의 거주 공간으로

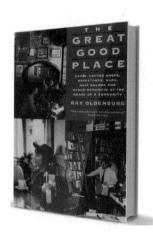

(좌)《아주 좋은 장소》, (우)레이 올든버그

정의된다. 레이 올든버그는 제1의 공간과 제2의 공간의 중간에 위치하고 대중이 모이는 공간이지만 '나'의 공간인 것처럼 편안하고 또 다른 즐거움을 안겨주는 제3의 공간을 추가한다. 제3의 공간에서 '나'는 타인과의 대화를 통해 '나'의 정체성을 확인하기도 하고 생각을 정리하며 나만의 시간을 보낼 수도 있다. 즐거움이 있고 편안하면 새롭고 독특한 생각이 문득 떠오르기도 한다. 한국의 건축가 김수근 님도 1970년대 생활공간과 작업 공간 외에 궁극의 공간이 필요하며 이곳은 사람들이 명상과 더불어 창작을 하는 '자궁공간'이라 했다 한다. 김민주, '현대인에게 갈수록 필요한 제3의 공간', 〈모터스라인〉, 2004.

스타벅스 공간에서 '나'의 삶에 열중인 사람들

> 맹렬히 키보드를 두드리거나 냅킨 위에 아이디어를 끼적이는 그들 중
> 한 명이 제2의 구글이나 페이스북을 만들어낼 수도 있고
> 혹은 멋진 소설이나 음악을 재탄생시킬지도 모른다.
> ― 하워드 슐츠, 《온워드》

예로부터 유럽에서 카페는 문학가들과 예술가들이 모여 새로운 문화를 이야기하고 시민계층 부르주아지가 성숙해졌으며 혁명으로 나라를 뒤집는 교두보가 되었던 장소이다. 정신을 깨우고 대화를 끌어내는 마력을 지닌 커피로 인해 정신이 깨인 사람들이 새로운 생각과 창의를 소통하며 시대를 이끌었기 때문이다. 유럽의 카페는 청년 하워드 슐츠도 눈뜨게 한다. 1983년 29세의 하워드 슐츠는 이탈리아 밀라노의 한 아담한 카페에서의 기억을 간직한다. 4년 후 1987년 스타벅스를 인수한 하워드 슐츠는 스타벅스의 변화의 중심에 '제3의 공간'을 둔다. 정제된 분위기지만 그 중심에는 활력이 느껴졌던 밀라

노 카페들에 대한 기억과 제3의 공간의 개념이 일치했기 때문이다.

> 우리는 일상적이고 평범한 물건에 특유의 정서와 의미를 불어넣어
> 그 의미를 재탄생시켜야 한다.
> 한마디로 상품에 영혼을 담아야 한다는 뜻이다.
> 그러면 굳이 말로 설명하지 않아도
> 그 상품만의 이야기가 계속 사람들에게 전달될 수 있다.
> ― 하워드 슐츠, 《온워드》

스타벅스의 매장과 제품에 영혼을 담아야 공간이 '나'와 대화를 나누며 교감할 수 있고, 그때야 비로소 그 공간은 '제3의 공간'의 역할을 할 수 있다고 생각한 것이다. 공간에 영혼을 담기 위해선 그곳을 채워 줄 '나'의 이야기를 경청하고 소통할 수 있는 무언가가 필요했다.

스타벅스는 마이스타벅스 아이디어 닷컴mystarbucksidea.com이란 사이트를 통해 '나'와 소통하기 시작한다. 사이트에는 제품product, 겪었던 경험experience, 관련된 주변 사항involvement으로 항목화하여 아이디어를 올릴 수 있게 되어 있다. 여기에 사람들이 공유share하고, 투표vote하고, 토론discuss이 활발하게 이루어지는 내용은 실제로 반영되는 것see까지 볼 수 있다. 다른 사람에게 온라인으로 선물하여 음료를 마실 수 있게 한 정책도 사이트 속 '나'의 이야기를 반영한 결과라

마이 스타벅스 아이디어 사이트

고 한다.

'나'의 이야기를 경청한 스타벅스는 '나'의 공간인 것처럼 재탄생한다. 커피는 '나'의 마음대로 만들어진다. 에스프레소 샷, 우유, 시럽 등의 조절을 통해 내 입맛대로 커피를 주문할 수 있다. 커피만이 아니다. 앉은 자리에서 편하게 주문도 할 수 있다. 사이렌 오더. 줄을 서지 않아도, 스타벅스 밖에서도 모바일 기기를 이용해 주문할

수 있다. 커피에 생명을 불어넣는 것도, 줄을 서 있을 필요 없이 마음

대로 주문하는 것도 '나' 이다.

　　주문을 맘대로 하는 편리함에 더해 편안함까지 갖춰져야 제3의

(상)사이렌 로고의 변천사, (하)사이렌 오더

공간이라 할 수 있다. 편리함은 하려는 일에 대해 효율적인 도움을

주지만 '나'의 창의적 발상이 나오려면 편안함이 갖춰져야 하기 때문

이다. 편안한 휴식 속을 주는 공간이야말로 '자궁 공간'이 된다. 스타

벅스의 편안함은 바리스타와의 교감이 시작점이다. 스타벅스는 바

리스타와 '나'와의 대화를 위해 에스프레소 머신까지 교체한다. 베리

스모 801이란 기종의 반자동 기계는 바리스타에게는 수동 머신보다

빠르고 편한 기계였지만 기계가 높아 바리스타가 '나'와 대화 나누기

가 불가능했다. 스타벅스는 터모플랜Thermoplan사와 제휴하여 높이

137

가 10cm가 낮은 마스트레나mastrena라는 에스프레소 머신을 개발한
다. 낮은 기계 덕분에 바리스타와 '나'의 대화가 가능해졌다. 대화가
가능해졌기에 바리스타는 '나'를 기억한다. 내가 주로 주문하는 메뉴
를 기억하고 주로 하는 행동에 대해서 기억한다. 눈으로 '나'를 보고
'내' 모습과 행동, 습관 등을 기억한다.

마스트레나 에스프레소 머신

> 스타벅스는 사람들에게 '서비스를 제공하는 커피 회사'가 아니라
> '커피를 제공하는 사람 중심의 회사'다.
> ― 하워드 슐츠, 《온워드》

'나'의 말을 경청하고 '나'를 편안하게 해주는 곳이 있다. 그곳은
잔소리보다는 음악이 흐른다. 누군가 나에게 일을 시키는 것이 아
니라 내가 누군가에게 일을 시킨다. 시끌벅적한 대화가 오가도 한쪽

에 앉아서 노트북이나 공책을 열면 '나'는 사색에 빠지고 주변 소음은 백색소음이 된다. 다시 눈을 돌려 주변을 둘러보면 낯설었던 사람들이 친근해진다. 누구도 날 건드리지 않지만, 누구나와 함께하는 그곳에선 '나'를 알아보기가 더 쉬워진다. 아마도 제3의 공간은 그런 곳일 것이다. 공간이 살아있다는 느낌이 드는 곳……

아무도 불러주지 않는 나를, 그 공간은 거기서 나를 부르고 있다.

1941년 5월 10일, 영국 의회가 열리는 웨스트민스터 궁전Palace of Westminster이 독일군의 폭격을 받아 파괴되었다. 이는 11세기 만들어진 유서 깊은 궁 하나가 파괴된 것뿐만이 아니라 국민대의의 전당이자 민주주의의 상징이 파괴된 치욕으로 기록된다. 전쟁이 끝난 후 국민을 대변하고 삶이 결정되는 궁전의 재건을 위해 분연히 일어난 웅변가 처칠은 사람들의 마음에 재건의 의지를 굳건히 다질 수 있는 말을 한다.

우리는 건물을 짓고, 건물은 우리를 짓는다.
We shape our buildings and they shape us.

공간은 우리를 짓는다. 우리의 삶을 짓는다. 공간은 삶을 위해 만들어졌지만, 공간에 깃든 신념이 삶을 결정짓는 것이 아닐까 싶다.

차이가 아닌 차원이 다른 메시지

편리함과 편안함 |

> 누가 미친 거요?
> 장차 이룩할 수 있는 세상을 상상하는 내가 미친 거요,
> 아니면 세상을 있는 그대로만 보는 사람이 미친 거요?
> ― 미겔 데 세르반테스, 《돈키호테》

현재는 언제나 인류가 탄생한 이래 최고로 편리한 삶을 사는 시간이다. 농사를 짓기 위해 가축을 이용하는 쟁기를 개발했고 무거운 짐을 옮기기 위해 수레바퀴를 만들어냈다. 여기에 가축 대신 다른 동력을 이용해 빠르게 이동할 수 있는 자동차를 개발했고 더 많은 사람이 이동할 수 있는 기차를 만들었다. 거기에 이카로스의 꿈을 더한 상상력을 동원해 태양의 열기에도 녹지 않고 날 수 있는 비행기가 만들어졌다.

있는 것에 상상력을 더해 사람들은 환경을 개선하거나 새로운 것을 만들어 삶이 편리해지도록 모든 것을 변화시켜 왔고 그런 일들은 앞으로도 계속될 것이다. 편리함은 어떻게 보면 사람이 살아가며

(좌상)메소포타미아 최초의 바퀴, (좌하)조지 스티븐슨의 로코모션 No.1
(우상)칼 벤츠의 최초의 자동차, (우하)라이트 형제의 최초의 비행기 플라이어 1호

자신의 한계와 끊임없이 싸운 개척 전쟁의 산물일 것이다. 한계와의 쟁투를 통해 사람들이 얻고 싶었던 것은 무엇일까? 글자를 풀어보면 만들어진 그때 그 모습을 알 수 있다. 편리便利에서 편便은 인간亻을 향해서 고치는 것更을 의미하며, 리利는 벼禾를 만드는 쟁기勿, 刀를 형상화한 말이다. 벼를 수확하기 위해 쟁기를 사용하듯 이로움을 위해 고치는 것을 의미한다.

　기원전 3,000년경 사용된 것으로 추정되는 가축을 이용한 쟁기는 메소포타미아와 이집트에서 발견되었다. 오래전부터 가축을 이용해서 밭을 갈고 농경 생활을 해왔다는 근거이다. 가축과 쟁기를 이용한 이유는 일의 속도와 수확량을 늘리기 위해서였다.

한마디로 편리는 사람에게 이로운 것을 만들어내는 것이다.
사람에게 이로운 것이 중심에 있다.

편리와 비슷한 듯하지만 뜻에 있어서 차원이 다른 편안便安이라는 단어가 있다. 집宀안에 여자女가 있는 것을 형상화한 모습으로 여성이 집 안에 있으면 마음이 편하고 걱정이 없다는 의미이다.

편안은 한마디로 사람이 걱정 없게 만드는 것이다. 걱정거리가 없는 것이 중심에 있다.

인류의 탄생 이래 최고로 편리한 삶을 사는 지금 제품이나 서비스를 가만히 살펴보면 사람들의 생각은 편안한 삶으로 향해 있는 듯하다. 어떤 때, 어떤 이유로 변곡점이 생겼는지 정확하게 알 수는 없지만 요사이 느끼는 건 편리함을 위해 만들었던 것이 때론 더 큰 불편함을 만들어내고 있다는 것이다. 농경 기술은 발전과 변화를 거듭했고, 더 잘 크게 하기 위한 비료와 병충해를 막기 위한 농약이 만들어졌다. 농산물은 병충해 없이 무럭무럭 자랐고 수확량이 현격히 늘어났다. 편리하게 만들어진 농경 기술은 극찬을 받아 가며 사용되어 왔다. 그렇게 수확된 농산물들이 사람들을 해치고 있다는 것을 알기 전까지는. 이로움을 목표로 하다 보니 이로움의 수혜자인 사람들의 눈이 가려지고, 속도와 양에만 충실하다 보니 쓰임이 잊힌 것이다. 음식은 배부른 것만이 아닌 건강을 위해야 한다는 쓰임을 말한다. 그리고 우리를 해치고 있는 먹거리에 대해 걱정거리만 한가득 쌓여 가는 것만 같다.

일본의 한 농부 기무라 아키노리는 농약과 비료로 아내가 고생 하는 모습을 보고 현대 농업의 편리함이 주는 불편함에 대해 의문을 갖는다.

> 현대 농업은 관찰하는 능력을 잃었어요. 흙 위만 생각하지요.
> '수확으로 땅에서 이만큼 양분이 사라졌으니 이만큼 비료로 보충해야지.'
> 이런 수학적 계산만 있지요.
> ― 기무라 아키노리, 무농약 사과 재배를 성공시킨 일본 농부

그는 걱정 없는 사과 농사를 위해 모든 것을 내걸었다고 한다. 이른바 '아무것도 안 하는, 농약도 비료도 안 쓰는 농업'에 매료되어 10여 년 그 숙제에 매진하게 된다. 그의 무모한 시도에 사람들이 야유를 보내며 '가마도케시파산자' 혹은 '아오모리의 돈키호테'라는 별명까지 붙여주었다. 절망의 끝에서 그가 발견한 것은 '흙'이 가진 힘이었다. 모든 것을 포기하고 찾은 깊은 산속에서 사람의 손이 닿지 않아도 풍성한 자연을 키워내는 것은 '흙'이라는 것을 스스로 깨달

(좌)기무라 아키노리, (우상)태초의 흙으로 뿌리가 넓게 펼쳐진 사과나무
(우중)기적의 사과, (우하)6개월 후에도 썩지 않은 기적의 사과

은 것이다. 그때부터 흙을 태초의 상태로 돌리는 자연농법을 성공
시키기 위해 10여 년 동안 각고의 노력을 했다. 그리고 마침내 열
린 사과는 2년이 지나도 썩지 않고 수분만이 빠져 바짝 마르기만
한다고 한다.

그를 비웃던 사람들은 모두 그 사과나무에서 열리는 사과를 '기
적의 사과'라 부른다.

편리가 만들어 놓은 걱정과 근심을 없애고 편안함을 만들기 위
해 많은 시간과 노력을 투자했고 무엇보다 그를 괴롭게 한 것은 곱
지 않은 시선이었을 것이다. 그 모두를 견뎌내며 묵묵히 외길을 걸
은 끝에 차원이 다른 것을 만들어낸 것이다.

'쓸만하군!'이 아니라 '와우!'의 감탄을…….

브랜드가 편리하다 말을 하면 편리함으로 경쟁하게 된다. 더 편리한 것을 만들어 성공했다면 다시 조금 더 편리한 것을 만든 브랜드가 등장한다. 인류의 편리함의 역사처럼 끝없는 쟁투의 나날이 될 것이다. 지금이라도 브랜드의 색깔에 걸맞은 편안함의 메시지로 이야기한다면 차이가 나는 경쟁이 아닌 차원이 다른 경쟁을 하게 되지 않을까?

손끝으로 만드는 편안함
편리함과 편안함 II

> 후각, 시각, 평형의 세 가지 기능 중추로 분류되어 있는 파충류의 뇌는
> 태어날 때부터 생존에 필수적인 본능적 프로그램으로 고정되어 있어서
> 기억하고 생각하는 기능이 거의 없다.
> — 로버트 재스트로, 천문학자

우리의 감각은 좋은 것을 보고, 먹고, 마시고, 즐기는 데 쓰이기도 하지만, 사실 생존을 위한 위험 감지를 더 우선한다. 감각은 위험을 감지하고 본능은 우리가 위험을 피하며 살아갈 수 있도록 한다. 그러니 위험한 것을 감지한 순간 본능의 뇌는 자신을 보호하기 위한 최대한의 활동을 자신의 몸에 지시하는 것이다. 그래서 본능의 뇌는 어떠한 동물에게서든 찾아볼 수 있다. 자신의 생명을 지켜야 하니까. 그래서 그런지 본능을 제어하는 뇌는 뇌의 어느 부분보다 가장 대선배이자 조상 격이다. 파충류의 뇌는 후각 기능을 맡는 부분, 시각 기능을 맡는 부분, 몸의 평형과 조정 기능을 맡는 부분으로 나뉘어 위험을 감지하고 생존을 위한 조정 역할을 한다. 생존을 위한 본

능적 프로그램을 갖고 있기에 가장 강력하게 신체 모두를 제어한다.
파충류의 뇌는 인간을 제어하지만, 인간은 파충류의 뇌를 제어할 수

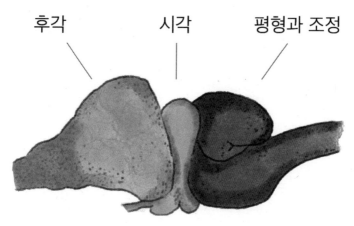

후각   시각   평형과 조정

로버트 재스트로가 설명한 파충류의 뇌

가 없다. 생존보다 앞설 수 있는 게 무엇이 있을까?

삶의 순간을 정확하게 판단하고 마음과 몸이 움직일 수 있도록
제어하기 때문에 파충류의 뇌를 만족시킬 수 있는 경험을 만드는 것
은 무엇보다 중요하다. 말콤 글래드웰은《블링크》라는 저서에서 "무
의식에서 섬광처럼 일어나는 '순간적인 판단'은 2초이다."라고 말했
는데, 그것은 바로 본능이 감지하고 호불호를 결정짓는 시간이지 않
을까? '파충류의 뇌' 즉 본능을 만족시키는 경험이란 어떤 것일까?
편리한 경험보다는 내 생존에 걱정거리 없는 편안한 경험일 것이다.
편리한 경험과 편안한 경험의 차이를 보려면 피처폰과 스마트폰의

UI^{User Interface}를 비교해보면 알 수 있다. 피처폰과 스마트폰은 약간 다른 인터페이스를 사용하고 있기 때문이다. 스마트폰의 개념이 등 장하면서 붙여진 피처폰이란 이름은 전화통화 중심의 핸드폰에 기 능이 더해졌다는 의미이다. 전화통화 중심으로 만들어진 핸드폰에 편리한 기능이 더해지면서 추가된 인터페이스는 UI의 개념 중심으 로 만들어졌다. 단어 그대로 UI의 핵심은 인터페이스이다. 사용자 보다는 인터페이스를 편리하게 만드는 쪽에 초점을 둔 것이다. 반면 스마트폰은 아이폰을 중심으로 UX^{User eXperience} 개념이 등장한다. 사용자의 경험에 초점을 맞춘 것이다. 그래서 동작 방식이 미세하지 만 다르다.

UI는 사용자가 사용할 때 직접적이고 신속한 피드백을 주어 편 리함을 더한다. 선택하고 누르면 신속하게 다음 화면으로 이동한

피처폰 동작 방식

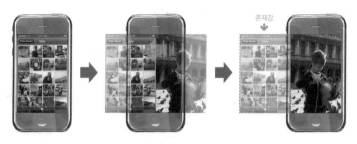

존재감

스마트폰 동작 방식

다. 이전 화면은 신속하게 사라져야 했다. UI의 동작 방식은 신속하고 깔끔하다. 하지만 여기에 숨겨진 한 가지 불안함이 존재한다. 신속하게 사라진 이전 화면 때문에 사람은 당혹스러움을 경험한다. 정확하게 원하는 메뉴를 선택했다면 원하는 페이지로 이동하겠지만 그렇지 않았다면 사용자는 순간적으로 길을 잃고 당황하게 된다. 그리고 이전 페이지가 사라지는 상실감을 경험하게 된다. 사실 올바른 곳을 찾았다 하더라도 이전 메뉴가 사라지는 불안감은 항상 내재되어 있다. UI는 이런 약점을 보완하기 위해 취소 키 혹은 이전 화면 키를 두어 사용자의 실수를 보완하도록 만들어졌다.

반면 UX는 사용자가 원하는 메뉴를 선택하면 이전 페이지는 왼쪽으로 사라지면서 선택한 페이지가 나타나게 된다. 이 동작 방식의 경우 사용자는 이전 화면이 왼쪽에 가려져 있는 것으로 인식하게 된다. 그리고 옆에 존재하고 있음에 편안함을 느끼게 된다. 만일 잘못

된 메뉴를 선택했다면 왼편에 이전 페이지로 간다는 화살표만 누르면 된다. 편리하지만 상실감이라는 걱정거리를 주는 UI보다는 마음을 편안하게 해주는 UX 중심의 인터페이스 설계가 자리를 차지하고 있는 이유는 아마도 사람들이 편안함을 더 선호하기 때문일 것이다. 그 편안함이 파충류의 뇌 즉 본능을 만족시키는 경험이기 때문이다.

**잘 설계된 스마트폰의 UX는
내 손끝으로 마술을 부리는 듯 짜릿하다.**

UI와 UX의 사례에서 보듯이 사람들에게 편안함을 주는 화면은 편리한 기계 중심에서 편안한 사람 중심으로 관점을 바꾼 사람들의 생각을 통해 만들어졌다. 사람을 배려하는 마음으로 바꾼 관점 하나가 모든 디테일을 바꾸고 있다.

브랜드의 마음이 사람에게 관심을 갖고 배려를 담아둔 마음이라면 브랜드텔링은 사람을 편안하게 만들고 본능을 만족시키는 경험을 안겨줄 것이다. 그리고 그 경험을 한 사람은 또 다른 사람에게 그 마음을 나눠주지 않을까?

진심을 전하려면 필요한 진실

진실과 진심

> 소비자 여러분, 지금 바로 타이레놀의 복용을 중단하고,
> ○○일 이전 제조된 제품은 전량 폐기해 주십시오.
> — 제임스 E. 버크, 존슨앤존슨 회장

고대 그리스에는 페르소나persona라는 가면을 쓰고 연극을 하는 가면극이 있었다. 당시 가면극의 주된 주제는 입에서 입으로 전해지는 신과 인간이 어우렁더우렁 만들어 가는 이야기였기에 신의 능력을 갖지는 못했지만 신의 얼굴을 가진 페르소나를 쓰고 신을 연기했을 터다.

현재 페르소나는 사람person, 성격personality 등의 어원이 되었다. 개개인과 개별의 성격들을 일컫는 말이 되었지만 페르소나는 실제의 모습이 아닌 되고 싶어 하는 모습으로 지칭되곤 한다.

생각해보면 실제 모습의 나와 보이고자 하는 나의 모습이 다르다는 것을 느낄 때가 있다. 조금 더 긍정적인 말로 둘러대자면 되고자 하는 모습을 위해 노력한다고 하는 편이 나을 것 같기도 하다.

가면을 들고 바라보는 시인 메난드로스

사람들은 스스로의 모습을 알기에 타인 혹은 브랜드에 대해서도 쉽게 신뢰하지 않는다. 브랜드가 텔링을 해도 귀 기울이지 않는 이유다. 브랜드의 말을 의례적으로 하는 말이라 터부시하기도 한다. 브랜드텔링의 가장 큰 노이즈가 되는 거다. 왜 우리의 메시지를 믿지 않을까 하며 발을 동동 구르며 조급해 해봐야 사람들은 요지부동이다.

브랜드가 텔링을 할 때 브랜드와 사람 간의 관계에서 가장 먼저 이루어져야 할 것은 신뢰와 믿음이다. 믿음의 관계가 구축된 후에야 사람들은 브랜드의 텔링을 온전히 들으며 이해하려 하기 때문이다.

믿음의 관계가 이루어지면 브랜드를 만든 사람들이 다 바뀌고 사라져 가도 브랜드만은 살아남아 숨을 쉴 수 있다. 이른바 브랜드가 믿음을 깨트리지 않는 한 장수하는 브랜드, 영속하는 브랜드로 거듭날 수 있다는 것이다.

1982년 시카고 근교에서 일곱 명의 주민이 독극물에 의해 숨지는 사건이 발생했다. 조사해보니 이들의 공통점은 모두 진통 효과가 있는 타이레놀을 섭취했다는 것이었다. 진통제 시장의 35%를 차지했던 타이레놀의 시장점유율은 6.5%로 급락했고 타이레놀을 만드는 MCP사의 모회사 존슨앤존슨Johnson & Johnson은 심각한 위기를 맞이했다. 숨진 이들의 정확한 사인은 청산가리라는 독극물이 투입된 타이레놀을 먹었기 때문이라 밝혀진다.

사건이 발생한 후 MCP사는 미디어들의 취재에 적극적으로 협조하고 관련된 모든 자료를 언론에 제공했다. 또 다른 피해자가 발생하는 것을 방지하기 위해 상점이나 소비자의 가정에 있는 모든 타이레놀을 전국적으로 수거하고, 존슨앤존슨의 회장 제임스 E. 버크는 피해자 가족에게 정중한 애도의 편지를 보냈다. 특정 날짜 이전 타이레놀의 복용을 중지하라는 TV 광고까지 하게 된다.

FBI와 연방 당국은 수사 끝에 누군가가 소매 단계에서 고의로 타이레놀을 청산가리로 오염시켰다는 사실을 알아냈고 존슨앤존슨의 조치에 힘입어 독극물 주입이 시카고에서 이루어진 것이라는 것도

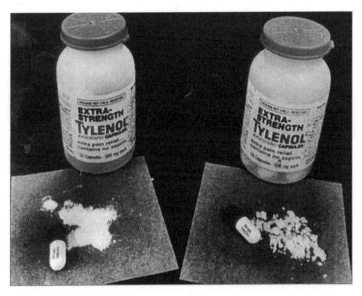

(좌)일반적인 타이레놀 엑스트라 스트렝스, (우)청산가리가 든 타이레놀 엑스트라 스트렝스

밝혀냈다.

모든 오명을 쓰고도 관계기관에 협조하고 가족들에게 사과했던 존슨앤존슨은 다시 이전의 신뢰를 회복하고 1년 뒤인 1983년 5월에는 점유율이 원래 상태로 돌아갔다 한다.

기업의 적극적인 협조와 간접적인 책임을 통감하는 자세가 '타이레놀'이라는 브랜드를 제자리로 돌려놓은 것이다.

아니 어쩌면 '믿음 가는 브랜드'라고 바꾸어 놓았는지도 모르겠다.

이전이나, 그때로부터 30여 년이 지난 지금이나 존슨앤존슨의 이러한 대처는 전례가 없는 일이다.

잘못을 인정하려 하지 않는 사람과 기업들을 보아왔던 터라 존슨앤존슨의 이러한 조치가 오히려 낯설기까지 하다. 진실을 외면하고 잘못이 없다고 발표하는 그들을 보며 씁쓸한 기분이 드는 건 왜일까? 어쩌면 믿고 사용하던 브랜드에 대한 배신감 아니겠는가. 믿음이 깨지는 순간인 거다. 그 순간부터 브랜드텔링은 더욱 어려워진다. 신뢰 관계를 처음 구축하는 시간보다 훨씬 더 오랫동안 공을 들여야 돌아선 마음을 다독일 수 있다.

그럼에도 존슨앤존슨과 소비자 간의 믿음 관계가 1년여 정도 만에 제자리를 찾았다는 건 그들이 적극적으로 진실을 밝히려고 노력했기 때문일 것이다. 잘못이 드러날 수도 있는 그 상황에 적극적으로 협조한 이유가 무엇일까?

상품을 생산하는 과정의 진실 때문일 것이다.

자사 내부의 생산 공정이나 출고에서는 절대 일어날 수 없는 일이라는 확신진실이 그들에게 믿음과 용기를 주었을 것이다.

믿음을 전제로 한 용기 때문에 희생자 가족에게 애도의 편지를 보낼 수 있었고 유통 과정 중에 있었을 관리 소홀에 대해 진심으로 사과했을 것이다. 믿음이 담긴 진심 때문에 소비자들 또한 마음을 열고 믿음으로 응답했던 것 아닐까. 브랜드의 진심이 진실이라는 믿음으로 바뀌는 순간이었을 것이다.

브랜드텔링이 거짓이면 브랜드는 거짓말쟁이가 되고, 브랜드텔링과 행동이 다르면 브랜드는 위선자가 된다. 이치에 맞지 않는 말을 하고 상황에 따라 변하는 브랜드텔링은 브랜드를 이중인격자로 만든다. 하지만 브랜드가 진심을 가지고 브랜드텔링을 하면 믿음이 가는 브랜드가 된다.

진심으로 만들면 진실하기 때문이다.

1994년 국내에서도 판매가 시작된 타이레놀은 현재 국내 진통제 시장 점유율 1위이다. 독극물 사건이 이야기로 회자되면서 국내에서도 믿음이 가는 진통제라는 인식이 빠르게 번져 타이레놀은 상륙하자마자 많은 사랑을 받으며 현재의 위치까지 올라갔다.

진심을 전하는 진실된 브랜드의 이야기는 매우 빠른 속도로 확산된다.

그런 이야기가 드물고 귀하기 때문이다.

3장

브랜드텔링에
집중한 브랜드들

기록에 가치를 매기다 · 몰스킨
'Unwritten Book'

　'브랜드텔링'은 브랜드가 사람들에게 말을 걸고 이야기를 들려주는 것이다. 다만 사람들은 일대일 대화로 소통하지만, 브랜드는 일대다 대화라는 점에서 다르다. 브랜드는 사람들에게 일일이 다가가 눈을 마주치고 말을 하는 직접적인 대화는 어렵다. 게다가 다수의 브랜드가 불특정 다수의 사람들에게 한마디씩 말을 하고 있다. 소통의 부재가 아니라 소통의 난제이다.

　브랜드텔링의 첫 번째 난관은 거기서 시작된다. 브랜드가 말을 하고 있어도 들리지 않거나 듣지 않는다.

　어떻게 하면 브랜드의 이야기를 듣게 할 수 있을까?

　어려운 일이지만 우리에겐 참고서가 있다. 이미 브랜드 정체성을 확립한 브랜드의 과정을 살펴보면 참고할 만한 가이드가 될 것이다. 사라진 제품을 부활시켜 시대에 맞는 브랜드 콘셉트로 정체성을 확립한 몰스킨Moleskin이라는 브랜드가 있다. 몰스킨은 어떻게 브랜드텔링을 했을까?

◎ 귀 기울이는 사람을 정하다 ─ 창조 계층

몰스킨은 '쓰여지지 않은 책Unwritten Book'이라는 메시지를 들려주고 싶었다. 몰스킨이 말을 한다 해서 들리거나 듣는 것은 아니다. 따라서 몰스킨은 자신들의 이야기에 귀 기울여줄 사람들을 정하고 그들을 향해 텔링하기 시작한다. 몰스킨이 주목한 대상은 'Creative Class', 즉 창조 계층이다

문장 하나, 긋는 획 하나가 소중한 진보가 될 수 있으므로 창조 계층에게 기록은 중요한 행위이다. 자신의 기록이 책이 된다는 몰스킨의 텔링은 설레는 말이었을 것이다. 그래서 그들은 몰스킨이 하는 말에 귀를 기울이기 시작한다.

'Moleskine=Unwritten Book'이라는 메시지를 들은 창조 계층에 속하는 사람들은 보답이라도 하듯 자신의 기록을 몰스킨 안에서 꽃 피우기 시작한다.

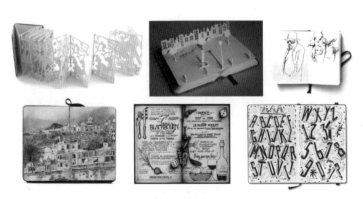

몰스킨을 이용한 다양한 기록들

브랜드 메시지에 귀 기울일 수 있는 사람을 찾고 그들에게 집중해야 한다. 시작은 소수에 불과해도 좋다. 사람들은 서로 보이지 않는 끈으로 이어져 있어 누군가 열심히 들으면 같이 들으려 한다. 그래서 그저 귀 기울이는 사람에게 집중해서 말하면 된다.

귀 기울이는 사람을 정하고 가시화하는 방법—페르소나

브랜드가 보내는 메시지를 가치라 느낄 수 있는 실제 혹은 가상의 한 사람을 페르소나로 만들어 참고하는 방법이다. 눈에 보이지 않았던 고객의 라이프 스타일 및 성향, 습관, 태도 등을 한 명의 페르소나 분석을 통해 작성하고 가시화하여 브랜딩의 콘셉트와 목표를 명확히 함과 동시에 멤버들의 혼돈을 최소화할 수 있는 방법이다.

◎ 귀 기울일 만한 이야기 들려주기

'쓰여지지 않은 책'이란이란 메시지를 전달하기 위해 몰스킨은 진정한 책이 되어야만 했다. 그래서 책이 가지고 있는 특징들을 제품에 담아낸다. 몰스킨은 노트임에도 책을 파는 서점에서 판매를 시작한다.

그 공간에서 몰스킨은 '책'이라 말한다. 책으로 판매하기 위해 띠지에는 국제 표준 도서 번호 ISBN Internation Standard Book Number까지 넣어 디자인되었다. 공간과 시각물을 이용해 '쓰이지 않은 책'을 만들어낸 것이다.

이후 판매점이 확대된다. 좋은 디자인 제품을 파는 편집매장에

몰스킨의 'Unwritten Book'

서 몰스킨을 판매하기 시작한 것이다.

창조 계층들이 즐겨 찾을 만한 적절한 공간을 찾은 것이다.

면지에는 잃어버린 몰스킨을 찾아주는 사람에게 자신의 책을 찾아주면 보상하겠다는 내용을 적을 수 있도록 했다. 기록에 가치를 스스로 매겨 쓰도록 만들어 놓은 것이다. 무엇이든 만들어낼 수 있는 그들의 기록이 한낱 낙서에 불과한 것이 아닌 '가치'라는 것을 몰스킨은 말해주고 있다. 자신이 만든 책에 가치를 두어 '내가 만든 책'이 된다.

> 나는 그 노트들에 일련번호를 붙여놓았다.
> 첫 장에 내 이름과 주소를 쓰고, 찾아주는 사람에게 보상하겠다고 썼다.
> 여권을 잃어버리는 건 제일 사소한 걱정거리에 불과했다.
> 노트를 잃어버린다는 건 재앙이었다.
> — 브루스 채트윈,《송라인》

브랜드의 목소리에 귀 기울이는 사람들은 브랜드에 기대한다.

분실한 몰스킨의 보상금을 적을 수 있는 표지

그들이 기대하는 것은 필요needs로 하거나, 원하는 것wants을 얻거나, 가지고 있는 문제를 해결하는 것desire이다.

그들의 기대를 만족시키는 것이 바로 브랜드가 그들에게 주는 가치brand Value이다. 브랜드가 주는 가치와 경험이 쌓이면서 사람들은 브랜드를 인지하고 인정하게 된다. 그들의 기대는 조금씩 높아지고 브랜드는 높아지는 기대를 만족시키면서 성장하고 진화하게 된다. 그리고 브랜드 정체성은 명확해져 간다.

◎ 귀 기울이는 그들과 관계 맺기

보여지는 필요와 욕구를 만족시키는 것은 브랜드의 가장 기본적인 가치를 위한 역할이다. 한발 더 나아가 브랜드의 목소리에 귀 기울이는 사람들이 마음 깊은 곳에 품고 있지만 겉으로는 보이지 않는 필요와 욕구를 찾아내어 충족시키는 것은 브랜드와 귀 기울이는 사람들의 사이를 더욱 끈끈한 관계로 이어줄 수 있는 브랜드의 행동 brand behaviour이다.

창조 계층의 사람들이 원하는 것은 무엇일까? 글을 쓰는 사람은 각고하고 노력하여 만든 자신의 문학작품을 읽은 사람들이 인정해주길 원한다. 그림을 그리는 사람은 자신의 그림을 가능하면 많은 사람이 보고 널리 알려져 사랑받는 작품이 되길 바란다. 음악을 만드는 사람은 내가 쓴 음악이 사람들 곁에서 머물길 바란다. 굳이 멀리서 찾지 않아도 된다. 내가 한 일의 결과물이 가벼이 여겨지지 않고 노력의 과정이 그대로 담겨 간직되기를 바라는 마음이 있을 것이다. 창조 계층의 숨겨진 마음을 몰스킨은 그냥 넘기지 않기 위해 특별한 행사를 연다.

그것이 바로 디투어Detour이다. 디투어는 창조 계층이 자신의 기록을 담은 몰스킨을 보내면 그 안에서 일부를 선정하여 세계 유명 도시를 다니면서 전시하는 행사이다. 전 세계인에게 자신의 기록을 보이고, 자신의 흔적을 남길 수 있는 기회이다. 이 캠페인은 전 세계적으로 많은 이들의 열정적인 참여를 통해 성공적으로 개최되었고 뉴욕, 파리, 베를린 등 세계 유명 도시를 돌며 전시회를 하게 된다.

몰스킨 디투어

몰스킨의 이야기는 사람들의 입에서 입으로 퍼져 귀 기울이는 사람들이 늘어나고 늘어난 그들의 수만큼 다양한 기록들이 몰스킨에 기록되고 있다. 쓰여지지 않는 책에 자신을 써 내려가기 위해서 말이다.

브랜드가 가지고 있는 가치를 알아보는 이들에게 자신만의 방식으로 이야기한다면 어느새인가 브랜드는 홀로서기를 끝내고 사람들이 인정하는 정체성을 갖춰 생명과 자아를 갖춘 하나의 존재로 거듭날 것이다.

일련의 과정을 읽기는 쉽다. 그러나 행하기엔 너무 어려운 현실이 눈앞에 놓여 있다. 실제로 이런 일들을 행하면서 가장 많이 듣는 이야기는 이렇게까지 할 필요가 있겠느냐는 말과 당장에 도움이 안

된다는 말들이다.

여러 사정으로 어렵기 때문에 누구나 할 수 있는 일은 아니다. 하지만,

누구나 할 수 없기 때문에 귀한 것이다.

침대는 가구가 아니다 · 에이스 침대
'침대는 에이스다'

> 아무리 재미있는 이야기라도 글로 옮기고 책으로 출판해야
> 사람들의 마음을 움직일 수 있고,
> 아무리 기발한 아이디어라도 실천과 행동으로 이어져야
> 세상을 변화시키는 힘이 될 수 있다.
> — 최연구, 한국과학창의재단 연구위원

2장의 '애플은 왜 판매가 아닌 문제 해결에 집중하는가'에서 '말은 좀 느리고 둔해도 행동이 민첩해야 한다'는 말을 언급했었다. 브랜드가 아무리 좋은 말을 할지라도 행동하지 않으면 그 말은 하나의 의견意見, 어떤 대상에 대해 가지는 생각에 지나지 않는다. 말만 하고 실천하지 않으면 허언이나 허풍으로 느낄 수도 있다. 누군들 허언을 하거나 허풍을 떠는 사람을 신뢰하겠는가. 아무도 그런 사람을 신뢰하지는 않을 것이다. 브랜드를 바라보는 시각도 마찬가지다. 하지만 브랜드가 말을 하고 행동으로 실천해 간다면 그 말은 하나의 의지意志, 어떤 일을 이루려 하는 마음가 되고 의지는 브랜드를 이끄는 원동력이 된다. 의지를

갖고 움직이는 브랜드의 실천은 목표가 되고 목표들을 하나씩 이루어 갈 것이다.

브랜드가 말을 하고 실천하면
브랜드는 성장하고 진화한다.

◎ 브랜드가 말을 하다

1963년 9월에 '에이스 침대 공업사'로 시작한 에이스는 20여 년 동안 차분히 쌓은 업적을 바탕으로 1980년대부터 방송 광고를 통해 '수면과학'에 대해 말하기 시작한다. 당시 사회적 분위기는 과학 한국을 강조하고 있던 터라 과학을 위한 인프라가 갖춰지고 과학 인재 육성을 위한 노력이 이어지고 있었다. 유행을 타고 있었다는 거다. 하지만 에이스 침대는 이때부터 시작한 '수면과학'을 꾸준히 이야기 하고 지켜 간다.

수면과학을 이야기하는 에이스 침대 광고

1990년 에이스 침대는 상식을 깨트리는 말을 한다.

'침대는 가구가 아닙니다. 침대는 과학입니다.'

침대bed라는 단어는 고대부터 땅을 파고 자는 장소badjam, 독일어 혹은 숨는 장소라는 의미를 가지고 있다고 한다. 다만 비나 눈으로 인한 침수를 피하고자 다리를 만들어 그 형태가 갖춰지기 시작했고, 푹신한 재료를 이용해 잠자리를 가꾼 것이 지금의 침구와 침대이다.

일반적으로 침대는 가구로 분류되는 것이 예사였다.

에이스 침대는 가구인 침대를 가구가 아니라는 역설적인 말을 한다. 그리고 침대는 과학이라고 얘기하여 가구 이상의 의미를 말하기 시작했다. 수면과학을 이야기하던 에이스 침대가 일관성을 갖고 침대의 과학에 대해서 말하기 시작한 것이다.

◎ 말의 무게를 견디다

에이스 침대가 한 말에 대한 무게는 그리 가볍지 않았다. 선진국 침대 브랜드는 이미 하고 있었겠지만 국내에선 최초로 침대에 과학을 도입하는 일이었기 때문이다. 처음 혹은 최초라는 수식어가 붙는다는 것은 그리 녹록한 일이 아니다. 에이스 침대는 그 말의 무게를 견디기 위한 전초기지를 세운다. 30여 년간 수면과학과 침대과학을 일관성 있게 말하던 에이스 침대는 1992년 에이스 침대공학 연구소를 설립한다.

에이스 침대공학 연구소에는 제품의 품질을 위해 매트리스의 내

구성을 시험하는 내구성 시험기, 매트리스의 진동 범위를 측정해 수면 시 움직여도 편안한 수면을 할 수 있는지 시험하는 댐핑 시험기, 매트리스 내장재의 쏠림 현상을 측정해 오래 사용해도 편안한 침대가 되는지 테스트하는 롤러 시험기 등 각종 시험기를 갖춰 놓고 있다. 게다가 인체에 미치는 영향을 관찰하기 위해 누웠을 때 각 부위의 하중에 대한 분포를 측정하는 컴퓨맨 시험기와 수면 시 뇌파, 심장 박동, 안구 움직임 등을 측정해 최적의 수면 조건을 찾을 수 있는 수면다원검사 등을 시행하기도 한다.

2001년에는 한국인의 체형에 가장 적합한 매트리스를 개발하고, 2007년에는 청소년의 인체에 맞는 맞춤침대 프로그램을 개발하기도 했다.

척추 구조에 따른 형상 변화를 실험하고 한국인 생체데이터 포럼을 개최하기도 한다.

에이스 침대공학 연구소를 보여주는 에이스 침대 광고

◎ 문맥으로 기억시키다

세월이 켜켜이 쌓이는 동안 흙이 퇴적되어 산맥山脈이 형성되듯 브랜드의 말과 실천은 켜켜이 쌓여 사람들의 인식에 문맥文脈을 만든다. 같은 단어라도 문맥에 따라 다양한 의미를 가진다. 뿐만 아니라 문맥 안에서 단어는 풍성한 의미를 함유할 수도 있다. 인지되는 것은 단어 몇 개이지만 형성된 문맥에 따라서 중요한 의미를 가진 메시지가 된다.

특히 중요한 의미를 가지는 단어가 되기 위해서는 언행일치言行一致가 필요하다. 말을 하고 행동을 일치시키면 각 단어에 살이 붙고 단어와 단어가 연결되어 중요한 메시지를 만들어낸다.

1980년 에이스 침대의 광고는 '수면과학'과 '좋은 꿈'을 연결시킨다. '수면과학'을 복잡하게 설명하기보다 '좋은 꿈'을 꾸게 해주는 에이스 침대만의 노하우로 연결한다. 1980년대 가구 업계 최초로 품질관리 1등급 업체로 지정된다. 1990년 '침대는 가구가 아닙니다. 침대는 과학입니다.'라는 역설적인 말로 또렷한 기억을 남기며, 침대공학 연구소를 설립함과 동시에 품질검사 전 항목 'A' 등급을 획득한

인지된 문장 → 침대는 —단순히 제조기술이 아닌— 과학이 필요하고 에이스 침대는 늘 침대과학을 생각한다.
기억된 단어 → 침대, 과학, 에이스 침대, 침대과학
확장된 의미 → 단순히 제조기술이 아닌, 생각

다. 2000년에는 '침대과학은 생명을 위한 과학입니다.'라는 말을 한다. 에이스 침대의 광고를 통한 꾸준한 소통으로 '침대, 과학, 에이스'라는 단어들을 사람들은 기억하게 된다. 그리고 그 단어들은 다음과

같은 메시지를 형성한다.

◎ 에이스가 진화합니다

오랜 세월 동안 형성된 산맥이 굳건히 그 자리를 지키며 조금씩 변화하여 새로운 지형을 만들어 가듯, 오랜 세월 형성된 브랜드의 문맥도 무너지지 않고 견고하게 사람들의 인식에 남아 있다. 문맥도 마찬가지로 기본적인 모습은 지키되 시대의 흐름에 따라 조금씩 자신의 모습을 바꾸어 갈 준비를 한다.

2014년, 30여 년간 꾸준히 소통하며 견고하게 만든 에이스 침대의 메시지가 마침내 진화하기 시작한다.

줄곧 '침대과학'을 부르짖던 광고에서 '과학'이란 말이 사라지고 '상식'이란 말이 등장한다.

에이스 침대에서 '침대과학'은 기본이라 보편화시키고 '침대는 에이스다.'라는 게 상식이라 이야기하기 시작한 것이다. 또 하나의 중요한 변화는 '에이스 침대'라는 브랜드명을 '에이스'라 말하고 있는 것이다. '에이스ACE'라는 단어는 일반적으로 사용하는 명사이다.

'과학'에서 '상식'으로 진화해 가는 모습을 보여주는 에이스 침대 광고

일반적인 명사는 원래의 의미를 가지고 있지만 브랜드의 꾸준한 노력에 의해 한 회사의 브랜드명으로 상징화될 수 있음을 보여주는 사례이다. '애플' 하면 사과가 떠오르기보다는 '애플'이란 브랜드가 먼저 떠오르지 않는가. 에이스 침대는 50년 이상의 역사 속에서 지속적이고 일관된 소통을 통해 'ACE'라는 일반 명사를 자신 있게 브랜드화하고 있다.

2014년, 에이스 침대의 브랜드텔링의 변화에는 이유가 있다. '맞춰주고 또 한 번 받쳐준다. 1 Spring 2 Play'라는 키워드를 내세운 'HYBRID Z 스프링'의 개발이 그것이다. 'HYBRID Z 스프링'은 국내뿐 아니라 미국, 유럽, 캐나다, 일본, 중국, 멕시코, 인도네시아, 브라질 등에서 특허를 받아 세계특허를 획득했다.

'HYBRID Z 스프링'은 다섯 가지가 없는 스프링이다. 꺼짐이 없어 오래 사용해도 꺼지지 않고 탄력을 유지하고, 스프링 간의 마찰로 생기는 소음이 없으며 어떤 체형이라도 빈틈없이 지지한다고 한다. 흔들림과 쏠림이 없어 옆에서 뒤척여도 흔들리지 않고 한쪽으로 쏠림도 없다. 이른바 에이스 침대공학 연구소에서 각종 시험기구가 내놓는 수치들은 다시 스프링 연구에 투입되는 것이다.

과학적인 시험이 제품 연구로 이어지고, 제품 연구에 의해 제품은 보다 나아지는 것이다.

한 마디로 에이스는 진화하고 있다.

말만 하는 것은 의견에 지나지 않고 말하고 실천하는 것은 의지가 된다고 전술한 적이 있다. 의지에는 힘이 있다. 성장하고 성숙해지려는 힘이 내재되어 있다.

브랜드텔링이 중요한 것도 같은 맥락이다. 일관된 말을 하고 지키기 위한 행동을 반복하면서 브랜드의 의지가 자라고 견고해지는 원동력으로, 더 나아가 진화의 힘이 된다.

세상은 변화무쌍하다. 세상 속에 살아가는 사람들의 모습도 본질은 변하지 않지만 많은 것들이 변화한다.

말을 하고 행동한다는 것은 사람들의 생각이 바뀌고 행동이 변화하면서 써 내려가는 인간의 무늬人文를 파악하고 변할 수밖에 없다는 뜻 아니겠는가. 아무런 근거 없이 변하지는 않을 것이다.

세상이, 사람이, 그리고 브랜드가 변화에 적응하고 새로운 차원의 것으로 바뀌는 것이 바로 진화이다. 그래서 찰스 다윈도

살아남는 종種은 강한 종이 아니고 똑똑한 종도 아니다.
변화에 적응하는 종이다.

라고 했나 보다.

1kg의 경계를 넘다 · LG그램

'이름의 무게'

正名順行정명순행
이름이 바르면 모든 일이 순조롭다.
— 공자

아주 단순하고 간단해 보이지만 나무 속에 흑연을 넣어 만든 연필의 발명은 인류 문화사에서 중요한 업적 중 하나이다. 연필의 발명으로 어디에서나 글을 쓸 수 있게 된 덕분에 생긴 기록의 변화는 사람의 행동을 변화시키고 문화를 변화시켰기 때문이다. 연필이 사용되기 이전에는 움직이거나 말을 탄 상태에서 기록하고 싶을 때 펜과 잉크를 꺼내 찍어 써야 하는 등의 어려움과 번거로움이 있었다. 흑연을 품고 있는 연필은 그냥 꺼내어 쓰기만 하면 되는 데다가, 나무로 만들어져 무게도 얼마 나가지 않아 휴대가 간편했기 때문에 어디서든 어떤 상황에서든 기록이 가능했다. 이른바 기록의 혁신이라 할 수 있다.

전화기의 발명은 멀리 떨어진 사람과 소통을 가능하게 한 획기적 발명이었다. 초기 전화기는 집집마다 전화선이 연결되어 망을 형성했고 본체가 전화선에 연결되어 있어야만 했다. 전화의 진화도 연필과 같은 방향으로 흘렀다. 어디에서든 어떤 상황에서든 사용이 가능하도록 하기 위한 노력으로 이동휴대전화기가 만들어졌고 모바일 네트워크와 전화기의 기능의 발전으로 지금은 컴퓨팅 능력까지 갖춘 스마트폰이 등장했다. 말 그대로 이동하면서 모든 일을 자유롭게 처리할 수 있게 된 것이다.

그러고 보니 물건의 발명 후 휴대성을 지향하면서 발전하는 유사성을 보이는 것 같기도 하다. 이동의 자유가 있는 사람들에게 꼭 필요한 요소가 아닐까 한다. 그런 의미에서 보면 '움직일 수 있는' 이란 의미의 모바일mobile은 시간적 제약과 공간적 제약을 뛰어넘는 중요한 요소임에는 틀림이 없다.

휴대성을 바라는 것은 컴퓨터라고 예외가 되지 않는다.

엄청난 크기의 컴퓨터로 일을 처리하던 1971년. 개인용 컴퓨터도 휴대가 가능한 개념이 자리 잡기 시작했다. 1972년 팰로앨토 연구소의 앨런 케이는 다이나북DynaBook이라는 이름으로 '개인적으로 휴대 가능한 정보조작기'를 논문에 기술하기도 했다. 앨런 케이는 이제 곧 컴퓨터는 '대학 노트만한 크기에 키보드와 모니터를 갖추고 계산 작업, 영상, 음향도 즐길 수 있는 멀티미디어 기기'가 될 것이라 발표했다.

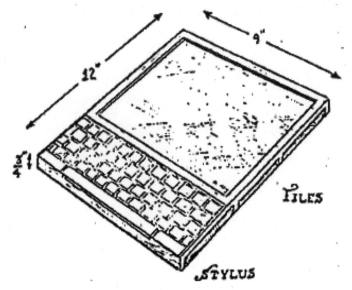

1972년 논문에 실린 다이나북의 진본 일러스트레이션

다이나북 개념이 발표되고도 한참 동안 휴대용 컴퓨터는 '휴대용'이라기에는 크기가 컸고 무게도 많이 나갔다.

어쩌면 우리나라에서 사용되는 '노트북'이라는 단어는 앨런 케이의 개념을 충실히 따른 작명인지도 모르겠다. 해외에서는 보편적으로 무릎lap 위top에 놓고 사용한다는 의미의 랩탑 컴퓨터라 부른다.

노트북이든 랩탑이든 가장 중요한 포인트는 휴대성 아니겠는가.

1975년 IBM이 최초로 개발한 이동이 가능한 컴퓨터 IBM 5100은 무게가 자그마치 25kg으로 이동은 가능하지만 '휴대용'은 되지 않았다. 1981년 오스본Osborne 사에서 내놓은 'Osborne 1'은 12kg으로 무게를 반으로 줄였다. 마찬가지로 '이동'은 가능했지만 '휴대'는 불가능했다.

1985년 드디어 휴대가 가능한 노트북 시대가 열린다. 도시바에서 개발한 T1100은 휴대 시 접어서 보관하고 램과 플로피디스크 드라이브를 갖추고 내장 배터리까지 있는 상태로 두께 7cm, 무게 4.1kg의 최초의 현대적인 노트북 형태라고 일컬어진다. '이동형 컴퓨터'가 아닌 '휴대용 노트북' 시대가 열린 것이다.

그렇다고는 하나 4.1kg이란 무게는 획기적이지만 여전히 들고 다니기엔 너무도 부담되는 무게인 것은 분명했다. 이후로 노트북 컴퓨터들은 무게를 줄이는 노력을 게을리하지 않았고 내부에 들어가는 CPU 및 반도체 부품 회사들도 더불어 연구를 계속했다.

2008년 1월 애플은 경쟁사가 넘을 수 없을 것 같은 노트북 하나를 발표한다.

2008년 키노트에서 스티브 잡스는 맥북에어를 설명하다가 서류봉투 하나를 집어 든다. 그리고는 사무실에서 일반적으로 사용하는 그 서류봉투 안에서 맥북에어를 꺼내 보여준다. '세계에서 가장 얇은 노트북'이 서류봉투에서 모습을 드러낸 것이다.

공기처럼 가볍다는 의미를 가진 그 노트북의 이름은

Macbook Air

어쩌면 다소 충격적일 수도 있는 그 모습은 순식간에 전 세계로 퍼져 갔다. 서류봉투에서 꺼낸 맥북에어는 마치 종이 같은 느낌마저 주었다. 그리고 임팩트 있는 키노트는 광고로 제작되어 사람들에게 보여진다.

공기처럼 가벼운 맥북에어 2008년 모델의 무게는 1.36kg으로 무게도 무게지만 두께도 매우 얇아 휴대용 노트북의 핵심 역량을 다 갖추고 있었다. 전 세계 사람들은 애플의 업적에 놀랐고 능력에 감탄했다. 그리고 맥북에어는 절대로 넘어설 수 없는 절대적 가치를 가진 것처럼 보였다. 전대미문의 노트북의 총아 '맥북에어'의 등장으

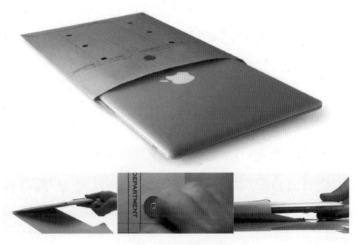

맥북에어 서류봉투 광고

로 업계는 초비상 사태에 돌입했고 각 브랜드들은 어떻게 하면 맥북 에어의 아성을 뛰어넘을 수 있을지 앞다투어 연구하기 시작한다.

◎ 핵심 가치에 초점을 맞추다

사람들에게 전작의 인식을 지우고 더 좋은 제품으로 각인되려면 사람들이 물건에서 가장 중요하다고 생각하는 가치의 요소를 잘 살피고 찾아보아야 한다. 사람들이 제품을 사용하는 쓰임의 패턴과 제품에 기대하는 요소들을 관찰하면 그 제품의 핵심 가치를 창출하는 데 도움이 된다. 그 부분의 능력을 뛰어넘거나, 이제까지 없었지만 기대하고 있었던 것을 만족시켜야만 더 좋은 제품으로 각인될 가능성이 있다.

노트북은 모바일 컴퓨터다. 가지고 다니기 어려워 책상 위에만 있다면 노트북의 최고 핵심 가치는 없는 것과 같다.

휴대성에 있어서 핵심은 항상 가지고 다녀도 번거롭지 않은 크기와 부담되지 않는 무게이다. 실제로 맥북에어는 후자에 초점을 두고 가장 얇은 노트북을 만들어 서류봉투라는 오브제를 이용해 사람들에게 그 우수성을 설파한 것이다. 1.36kg의 무게라면 항상 들고 다녀도 그리 무겁지 않은 무게임에는 분명하다. 이후로 2010년에 나온 맥북에어는 11인치는 1.08kg, 13인치는 1.34kg으로 무게가 줄어 사람들은 맥북에어에 열광했다. 이제까지 애플의 제품을 구매하지

않았던 사람들도 애플의 제품에 관심을 갖거나 구매해 사용하고
싶어 했다.

여성은 토드백에 남성은 백팩에 책, 공책 등과 함께 맥북에어
를 넣고 다녔다. 그리고 백라이트로 빛나는 애플 로고를 보이며 카
페에 앉아 일하고, 커피 한잔 마시는 풍경은 낯설지 않을 정도가
되어 갔다. 그럴수록 경쟁 브랜드들은 더 초조해졌다.

노트북 개발자들이 '핵심적 능력 하나라도 뛰어넘어야 한다'는
생각으로 무게나 크기를 줄이기 위한 노력에 총력을 기울였음은 불
을 보듯 훤하다. 그 후 경쟁 브랜드들은 여러 가지 다양한 노트북 혹
은 울트라북을 내놓았지만 맥북에어의 아성을 무너뜨리기엔 역부족
이었다. 정말로 불가능해 보였다. 하지만 국내 기업브랜드 LG전자
가 이 일을 해냈다.

◎ **이름에 무게를 담다**

맥북에어의 알루미늄 바디와 은색의 시각적 무게마저도 무시해
버리는 것 같은 순백의 노트북 하나가 2013년 출시된다.

킬로그램의 벽을 넘어서인지 무게가 가볍다는 것을 표현하기 위
해서인지 분명하지 않지만 새로운 순백의 하얀색 노트북의 이름은

'gram'

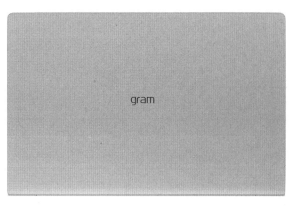

LG의 혁신적 노트북 '그램'

'적은 무게'를 의미하는 라틴어 gramma에서 파생된 gram은 1799년 프랑스에서 미터법의 단위로 사용되었다. 어감 자체도 가벼울 것 같은 느낌을 풍긴다.

2014년, LG는 마의 1kg의 경계선을 허물고 그램 단위의 노트북을 개발하고 그 이름을 당당하고 당연하게 '그램gram'이란 단어를 붙였다. 노트북의 무게가 1kg 미만이라는 사실은 브랜드 이름의 가치를 한층 더 빛내준다.

역으로 보면 이름으로 브랜드가 가장 중요하게 여기는 궁극적 가치가 무엇인지 알 수 있기도 하다. 그리고 개발자들은 킬로그램의 벽을 넘는 '그램'을 위해 설계와 조립을 반복했을 것이다. 이름에 담길 무게를 알기 때문이다. 한마디로 LG의 그램이 지향하는 궁극적 가치는 무게인 거다. 이후로 나오는 거의 대부분의 그램은 1kg을 넘지 않는다. LG그램 14는 화면이 커져도 무게는 그대로 유지했고 LG 그램 17은 배터리 사용 시간이 향상되어 'ALLday' 란 수식어가 붙었음에도 무게에는 변화가 없었다.

그램은 '휴대'와 '사용'에 초점을 맞춰 관찰한 '무게'와 '핵심적인 기능'을 개선하며 발전해 간다. 변하지 않는 것은 단 하나 이름에 담긴 무게이다.

◎ 종이와 무게를 겨루다

'그램'이란 이름을 사용하기 위해 그리고 거짓 이름이 아님을 위해 이름은 하나의 목표가 되고 그들이 지향하는 핵심 단어가 되었을 것이다. 자신 있게 이름을 외치기 위해 항상 싸우고 있을 것이다. 그들의 자신감은 가볍기로 둘째가라면 서러울 종이와 겨룰 용기를 주는 힘이 된다.

2015년 말 LG그램 15는 페이퍼 아티스트가 만든 '페이퍼 그램'과 경쟁한다. '페이퍼 그램'은 아티스트가 내부 부품까지 설계하여 종이로 만든 그램 노트북이다. 종이로 만든 그램과 실제 그램이 저울 위에서 경쟁했다.

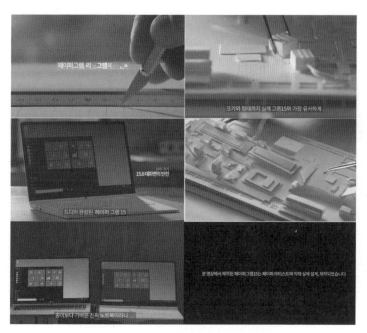

페이퍼 그램, LG그램 15에 도전하다 광고 중

나는 페이퍼 아티스트다.

나의 새로운 도전은

페이퍼 그램 15를 완성하는 것이다.

크기와 형태까지 실제 그램 15와 가장 유사하게.

새로운 작품은 실제보다 얼마나 가벼울까?

집중력과 세밀함을 통해

드디어 완성된 페이퍼 그램 15.

이젠, 도전의 결과를 확인 할 시간.

그 결과는,

광고에서 실제 그램은 종이 그램보다 가벼운 것으로 묘사된다. 그리고 가장 마지막에 등장하는 '본 영상에서 제작된 페이퍼 그램 15는 페이퍼 아티스트에 의해 실제 설계, 제작되었습니다.'라는 문구는 이 경쟁에 사실성을 부여한다. 실제로 제작 당시 0.2g의 스티커 무게도 없애기 위해 각인을 했다 하니 그야말로 무게를 줄이는 일에 총력을 걸었다 하겠다.

그램이란 이름을 향한 노력이 종이의 가벼움을 이긴 것이다.

◎ **교감**交感

가성비價性比, cost performance ratio는 제품의 기능적 가치를 가늠할 수 있는 척도가 되었다. 말 그대로 가격 대비 성능을 따지는 것으로 낮은 가격에 성능이 좋다면 가성비가 높다고 표현한다. 사람들은 가성비를 통해 이성적인 판단을 한다. 하지만 이성을 마비시키는 매력이 존재한다. 제품들이 사람과 교감하는 접점 부분은 관계를 형성하는 요소가 된다.

전원을 끄지 않은 상태에서 노트북은 커버를 덮으면 전원이 꺼지

커버를 닫은 대기모드에 숨 쉬는 맥북프로

지 않고 대기 상태에 들어간다. 다시 커버를 열면 노트북은 윈도우를 가동시킨다. 사용자가 열기 전까지 꺼지지 않은 채 기다리는 거다.

애플은 노트북의 대기 상태에 '숨'을 불어 넣는다.

지금은 훨씬 더 얇아진 맥북프로에 자리를 내준 두께가 좀 있는 구형 맥북프로 기종은 커버를 닫고 대기 상태에 들어갔을 때 전면부의 불빛이 성인의 호흡 리듬에 따라 빛이 사라지고 켜지는 것을 반복한다.

마치 살아 숨 쉬는 것처럼…….

대기 상태는 말 그대로 노트북이 살아 있는 상태이다. 사람이 다시 찾아줄 때까지 숨 쉬며 잠자고 있을 뿐.

살아 있는 것만 같은 시각적 숨쉬기는 맥북프로가 마치 사람인 것처럼 느끼게 되고 정감을 느끼게 된다. 그리고 노트북을 열 때마다 살아 있는 생명체를 대하듯 사용자와 노트북이 감성적으로 연결된다.

지금은 더 얇은 것을 만들어내는 데 목표를 두다 보니 그 시절 낭만과도 같은 시각적 숨쉬기가 사라져 버리고 말았다.

2017년, LG가 내놓은 그램은 'ALLday'라는 모토 아래 24시간 동안 사용할 수 있는 배터리 성능을 자랑한 데 이어 2018년, '올 뉴 그램All new gram'이 탄생하며 사람들과의 교감을 시작한다.

사용하는 사람만이 올 뉴 그램을 살아 숨 쉬게 한다.

올 뉴 그램의 오른쪽 상단의 전원 버튼에는 지문인식 센서가 있다. 올 뉴 그램을 사용하는 사람이 지문을 인식시키면 암호를 입력하는 등 번거로운 로그인의 과정이 없이 전원 버튼만 누르면 윈도우가 구동이 된다.

노트북의 핵심 가치인 '휴대성'은 기본으로 모바일 환경에서의 '사용성' 개발에 초점을 맞추던 '그램'은 2018년을 기점으로 기업 브랜드의 보증을 과감히 탈피해 디스플레이 패널 뒷면의 가운데에 'gram'이란 자신의 이름을 당당하게 적고 사람과 대화에 나선 것이다. '나'를 기억하고 '나만이 열 수 있는 그램'과 사람 간의 연결고리만으로도 'ALL new'라는 수식어가 붙을 만하다.

◎ 지키지 못한 아쉬움

하지만 2018년 올 뉴 그램은 결국 1kg을 넘어버리고 말았다. 그램을 넘어선 1.1kg이란 무게가 이름에 담긴 무게를 가볍게 하고 있다. 그램의 모든 노트북이 그램 단위를 지켜 갔다면 이름에서 느낄 중량감은 시간이 지날수록 더욱 커졌을 것이다. 물론 차이가 얼마 나지는 않지만 그래도 'kilogram'이지 'gram'은 아니지 않은가. 더욱 아쉬운 것은 LG라는 기업 브랜드를 전면에 내세우지 않고 '그램'이란 브랜드명을 디스플레이 패널 뒷면에 사용하면서 이제까지 잘 지키던 '그램'을 지키지 않는다는 것은 소비자에게 '그램'을 브랜드가 아닌 단순한 명칭으로만 인식되게 할 뿐이다.

커버를 열고 노트북 '그램'을 사용하는 모습

브랜드가 선택할 수 있는 길 가운데 하나의 길을 선택하면 다른 길의 결과는 알 수가 없다. 어쩌면 그것이 가져다줄 가치를 영원히 모를 수도 있다. 다만 우리는 추측해볼 뿐이다.

디스플레이 패널 후면 즉 커버 쪽에 새겨진 'gram'은 사용하는 사람이 볼 때 거꾸로 새겨져 있다. 그 이유는 커버를 열고 사용할 때 사용하는 사람이 아닌 다른 사람들에게 글자가 똑바로 보이기 때문이다. 커버에 새겨진 'gram'은 결국 타인이 볼 때를 고려한 방식이다.

커버의 'gram'이란 글자를 본 사람들은 순간적으로 왜 '그램'이라 부를까 하며 궁금해한다. 궁금증에 찾아보면 아무런 개연성 없이 '그램'이란 이름으로만 기억될 것이다. 만일 그램이란 이름이 'kilogram'을 넘지 않아 'gram' 단위의 노트북이라면 '아하!' 하며 이해하게 된다. 그 순간 그들의 인식에서 '그램'이란 브랜드 이름에 이야기 하나가 더해질 것이고 바로 각인될 것이다.

브랜드 이름이 의미를 가진 것과 갖지 않는 것은 차이가 나는 것이 아니라 차원이 다른 것이다.

5년 동안 꾸준히 지켜온 이름과 이름에 담겨 있는 약속이 지켜지지 않은 것이 못내 아쉽다.

공자 말씀의 정명순행正名順行에서 모든 일을 순조롭게 되도록順行

만드는 정명正名은 '이름을 바로 잡는다'라는 의미를 갖고 있다. 이름을 바로 잡는 것은 이름을 가진 사물의 명분과 실질이 같아지도록 만든다는 큰 뜻을 내포하고 있다고 한다. 그 이야기는 결국

브랜드도 이름값을 해야 한다는 뜻 아닐까?

18분의 마법 · TED

'가치 있는 아이디어의 확산'

> 15분은 너무 짧고 사소하게 느껴져요.
> 만약 20분으로 정하면 연사들은 아마 25분간 이야기할 거예요.
> 19는 심술궂은 느낌이 있고, 17은 소수죠.
> 그래서 18분으로 정했어요.
> — 리처드 솔 워먼, 건축가·그래픽 디자이너

예로부터 사람들은 평평한 넓은 공간에 함께 모여 서로의 의견을 주고받았다. 포럼forum, 1~3명의 전문가가 자신의 주장을 공개적으로 발표한 뒤 청중과 함께 질의응답의 방식으로 진행하는 토의, 〈다음백과〉은 로마에서 대규모의 사람들이 모여 공공을 위한 집회가 열린 평지를 의미하는 단어가 공개 토의의 의미로 바뀐 것이다. 세월이 흘러도 공공을 위한 모임은 형식만 달라졌을 뿐 그 중심은 변함이 없는가 보다.

심포지엄이나 포럼, 패널 토의는 몇몇 사람이 발표하고 다수의 사람이 듣는 형식을 가지고 있는 반면 세미나와 원탁토의는 참여하는 모든 사람들이 동등한 조건에서 토의하는 형식을 가지고 있다.

형식이야 어찌 되었건 사람들이 모여 토의를 하는 것은 이루고자 하는 목적 혹은 목표가 있기 때문일 것이다. 분명 그 장소 그 말들은 그들의 삶에 많은 도움을 주기 때문에 필요한 거다.

많은 사람이 너도나도 큰 평지에 모여 의견을 발표하고 주고받는 모임이 있기도 하지만, 어떤 모임은 점차 비공개적으로, 특정인을 중심으로 모이기 시작했고 그들만의 이유로 사교적 모임의 형태를 띠어 가기도 했다. 같은 가치관을 가지고 있는 사람들끼리 뚜렷한 초점으로 집중해서 빠른 시간 내에 목적을 달성하기 위함일 것이다. 현재는 전 세계인의 콘퍼런스로 사랑받고 있는 TED의 처음 시작이 그랬다.

방송에 그래픽을 본격적으로 도입한 '방송 디자인의 대부' 해리 마크스Harry Marks는 방송 디자인을 하며 자연스럽게 디자이너, 과학자, 예술가, 엔지니어들과 만나 영감을 얻었고 새로운 아이디어를 방송에 도입하였다. 그리고 그는 생각했다. 서로 다른 분야의 전문가들이 한 곳에 모여 아이디어를 공유하면 그들의 전문 정보가 융합되어 지혜가 될 것이다. 그는 전문 정보가 서로 섞일 수 있는 새로운 콘퍼런스에 대해 구상을 하기에 이른다. 이후 콘퍼런스 조직 경험이 있는 리처드 솔 워먼Richard Saul Wurman에게 도움을 요청했다.

건축가에서 정보를 설계하고 건축하는 창시자가 된 IT 전문가 리처드 솔 워먼은 1962년 첫 저서를 시작으로 세상에 펼쳐진 정보를 이해 가능한 것으로 만들고자 노력했다. 1976년 정보 설계자 information architect라는 신조어를 만들어낸 인물이다.

해리 마크스의 아이디어를 듣고 리차드 솔 워먼은 가슴이 뛰었으리라. 워먼은 둘의 새로운 프로젝트를 위해 미국 방송계의 거물 프랭크 스탠턴Frank Stanton을 초빙했다. 1984년에 기술Technology과 연예Entertainment, 디자인Design 계통의 엘리트를 불러 모아 단발성 사교 모임을 가졌다.

모임의 이름은 각 분야의 앞 자를 따서 TED라 명명했다.

TED 로고

첫 모임을 가진 TED는 재정적으로 적자를 보았다. 하지만 그들이 얻은 결과는 긍정적이었다. 세 분야가 한데 어우러짐으로써 세상을 변화시킬 만한 가치 있는 아이디어를 얻을 수 있다는 것을 알았기 때문이다. 분야별 경계가 희미해져 가고 융복합convergence 의 흐름이 명료하게 보이는 시대에 걸맞은 모습을 TED가 갖고 있었다.

용기를 얻은 그들은 새로운 행사에 대한 설계를 시작했다.

6년 후 1990년 TED는 두 번째 행사를 개최한다. 두 번째 행사의 결과는 그들의 바람대로 성공적이었다. 이를 토대 삼아 TED는 연례 행사로 거듭난다.

성공적인 결실은 그냥 얻어지는 것이 아니다.

◎ 규칙이 만들다

TED 성공의 중심에는 워먼이 설계한 규칙이 있다고들 한다.

첫 번째 규칙은 TED의 프로그램 트랙을 복수로 구성하지 않는다는 것.

보통의 콘퍼런스들은 다수의 트랙으로 구성해서 각각 다른 룸에서 여러 강의와 워크숍이 동시에 이루어지도록 설계가 되어 있다. 하지만 TED는 다르다. 프로그램 트랙을 하나로 구성하여 참가자 모두가 같은 것을 공유한다. 워먼은 이런 방식이어야 참여한 모든 사람이 같은 경험을 하고 그것을 통해 교류할 것이라 생각했다.

첫 번째 규칙은 'TED Speaker강연자', 'TED Talks강연' 하나하나가 소중하다는 것이다. 더불어 강연을 듣는 참가자는 한 번의 소중한 감동과 경험을 위해 몰입한다. 이 규칙은 TED Talks의 품격을 높여 궁극에는 품격에 맞는 TED Speaker와 참가자가 증가할 것이다.

두 번째 규칙은 '묻고 답하기' 시간이 없다는 것이다.

세상의 모든 아이디어는 반대 의견이 존재하기 마련이다. TED Talks 이후 이에 반하는 생각들을 질문하고 논의하고 토론하는 시간은 어떤 이에게는 곤욕스러운 시간이 될 수도 있다. 다수가 지루하게 이어지는 공방의 곤욕스러움을 배제하고 스스로 이해하는 시간을 주는 것이 배려라 생각했을 것이다. 이 또한 TED에 참여하는 모든 이에게 집중할 수 있도록 해주는 규칙이다.

마지막 규칙은 TED 강연 시간이 '18분'이라는 것이다. 이 규칙에 관한 얘기는 여러 가지가 있다. 인간이 최고의 상태로 집중을 지속할 수 있는 시간을 근거로 했다는 말도 있고, 워먼이 인터뷰에서 "15분은 너무 짧아 강연의 무게를 가볍게 할 수 있고 19분은 심술궂은 느낌이다. 그래서 18분으로 정했다."라는 말을 하기도 했다.

TED의 '18분 규칙'은 '18분의 마법'이란 별칭을 얻었다. 18분 이내의 짧은 시간 동안 마법처럼 강렬한 감동을 준다는 의미이다. 강렬하게 남은 감동이 TED Talks에게 '18분의 마법'이란 상징적인 별칭을 부여한 것이다.

마치 TED가 '18분'을 소유한 것처럼……

TED의 각각의 규칙들은 나름의 이유가 있어서겠지만 세 규칙 모두 '집중하고 몰입하자'라고 말하고 있다. 각각의 TED Talks를 집중해서 듣고 이어지는 강연들에 몰입감을 선사해 행사 기간 동안 많은 것을 얻을 수 있도록 한 것이다. 행사가 진행되는 일주일 동안 다양한 분야의 전문 강연에 집중하고 몰입해서 그것을 받아들이고, 또 수많은 사람과 함께 공유하고 교류함으로써 '뇌 폭발brain explosion'이 일어난다고들 한다.

워먼이 이야기하고자 하는 바를 그 규칙들이 충실히 담았기에 차별화된 TED만의 모습을 만들어 간 것이다. 그리고 그것은 TED에 참여한 사람들의 인식과 함께 정체성이 되어 갔다.

점차 TED만의 정체성에 매료된 사람들이 늘어남으로써 TED는 규모가 커졌고 모두가 함께하는 성숙한 문화로 발전해 간 것이다.

TED가 규칙을 만들고, 규칙이 TED를 만들었다.

◎ 눈으로 이야기하기

강연과 강연자에게 집중하는 태도는 무대 디자인에서도 드러난다.

무대에 선 TED Speaker들이 서 있는 곳엔 원형의 빨간색 러그round red lug가 깔려 있다. 맨 앞의 관객과 가장 가까운 무대의 부분에 빨간색 원형 카펫 위에서 TED Speaker의 TED Talks가 시작된다. 모든 관객의 시선을 TED Speaker에게 모으기 위한 것이다.

기하학적 도형 중 원형은 사각형이나 삼각형 등 다른 다각형보

관객의 시선을 모으도록 설계된 TED 무대

다 시선을 사로잡는다. 같은 다각형이 여러 개 함께 있어도 사람들의 시선은 제일 먼저 원형으로 향하고 계속해서 보아도 원형이 가장 눈에 띈다. 원형이 이런 특징을 갖는 것은 사람의 얼굴과 닮아 익숙한 꼴이기 때문이지 않을까.

난색계이자 고명도를 가진 빨간색은 진출색으로 다른 색과 함께 할 때 더욱 두드러지고 가깝게 느껴진다. 시각적으로 빨간색의 원형 러그 위의 TED Speaker는 벨벳 위에 놓여 있는 보석처럼 보이기도 한다.

'가치 있는 아이디어'에 시선을 집중시키는 것은 존중과 더불어 집중을 이끌어 내는 요인이 된다.

다양한 각도의 시선이 머무는 TED Speaker 뒤로 발표자료 영상을 두어 보는 사람이 자연스럽게 참고해서 볼 수 있도록 스크린을 배치한 것도 참가자의 집중과 몰입을 높이는 요소이다.

규칙에 담긴 말처럼 무대는 TED Speaker를 돋보이게 하고 TED Talks를 가치 있는 것이라 말하고 있다. 무대의 뒤에는 굵은 헬베티카 노이어Helvetica neue 서체로 만들어진 TED의 로고가 믿음직스럽게 서 있다. 실제 무대를 보든, 영상을 통해 무대를 보든 어떤 각도에서 보아도 로고는 랜드마크처럼 TED의 무대를 지탱하고, 강연자보다 먼저 TED의 정체성에 대해 우리에게 이야기하는 듯하다.

TED는 가치 있는 아이디어의 든든한 후원자입니다.

◎ 외치고 실천하다

2000년 TED의 리처드 솔 워먼은 은퇴를 결심하고 있었다. 65세의 나이도 나이지만 젊은 에너지가 TED를 이끌어야 한다는 생각을 하고 있었던 것이다. 그러던 중 TED의 팬이었던 크리스 앤더슨Chris Anderson을 만나 새로운 미래를 논의한 후 워먼은 2001년 크리스 앤더슨이 이끄는 비영리 새플링재단Sapling Foundation에 TED 콘퍼런스 운영권을 이양한다. 이후 한동안 큐레이터가 되어 활동했던 크리스 앤더슨은 워먼이 마지막으로 주최한 TED에서 새로운 TED에 대한 강연을 한다. 새로운 TED는 비영리로 운영되었고 기술, 엔터테인먼트, 디자인 외의 모든 분야로 분류가 확대되었다. 지역도 미국뿐 아

TED Ideas worth spreading*

니라 다른 나라로 확대되어 전 세계의 TED Speaker를 초청했다.

그리고 그들은 TED가 외칠 새로운 모토moto를 만들었다.

라틴어로 움직이다란 의미의 'motus'에서 파생된 moto는 의지와 유사한 의미를 가지고 있다. 의지를 사전적으로 풀이하면 '어떤 일을 이루려는 적극적인 마음'으로 목표를 이루기 위해 행동할 수 있도록 만드는 정신적인 근육이다.

TED는 '가치 있는 아이디어를 확산'시킬 것이라 외치고 약속한 것이다.

TED는 이를 위해 즉각적으로 행동했다.

2005년, 세상을 바꾸고자 하는 TED Speaker의 가치 있는 아이디어를 지원하여 이를 실현하려 했다. 괄목할 만한 단 하나의 아이디어를 정해 TED Prize를 수여하고 수상자에게 '세상을 바꿀 한 가지 소원One wish to change the world', TED Prize wish를 듣고 그것을 실현한다. 모든 아이디어를 실현시킬 수 없지만 한 가지만큼은 집중해서 실현할 수 있다고 TED는 말한다. 그리고 그것은 결국 '세상을 바꾼다'는 의미가 된다.

2006년에는 전 세계로 가치 있는 아이디어를 확산하기 위해 인터넷 기반의 지식 플랫폼이라는 첫 단추를 끼웠다. TED Talks를 무료로 온라인에서 볼 수 있도록 하여 가치 있는 아이디어를 자신들만의 전유물로 가두어 놓는 관념을 깼다. 폐쇄적인 소수의 엘리트 모임에서 시작한 TED가, 전 세계인을 향해 열린 축제가 되는 기틀이 다져진 것이다.

이로 인해 TED는 더 많은 강연자와 참여자가 모여 큰 성장을 하기 시작한다.

이후 전 세계 언어로 아이디어를 확산하기 위해 번역 사업 '열린 번역 프로젝트open translation project'를 시작하였다. 세계 각 지역의 인재에게 도움을 구했고 이에 응답한 인재들은 자원봉사자로 참여하며 이 일을 돕고 있다. 현재는 2,300여 명의 자원봉사자가 110여 개 언어로 자막을 번역하고 있다고 한다. 이 번역 사업으로 TED.com은 미국 외의 나라로 뻗어 나가기 시작했다.

앞서, 말하고 행동하지 않으면 의견일 뿐이고 행동하면 의지가 된다고 하였다. TED가 슬로건slogan이라 하지 않고 모토moto라 명명한 것만으로도 대외적으로 외치고 약속을 지키기 위한 행동을 선택한 것이 아닐까.

리차드 솔 워먼으로부터 큐레이터로 TED를 이끄는 크리스 앤더슨에 이르기까지 TED는 그 모습을 완성해 갔다. 정체성을 만든 규칙, 차별화된 무대 그리고 모토. 이 모든 것이 TED를 완성시켰고 중심에서 핵이 되었다. 세포분열을 위한 준비가 갖추어진 것이다.

◎ TED의 세포분열, x

2009년 또 다른 확산을 위해 또 다른 브랜드 TEDx의 라이센스를 전 세계에 오픈한다.

TEDx는 어느 지역에서든 TED와 같이 '가치 있는 아이디어 확산'에 기여하고 싶은 사람들에게 라이센스를 주어 행사를 개최할 수 있도록 하는 브랜드다.

TEDx는 때와 장소를 가리지 않는다. 확산을 위한 기준에서 보면 앞에 열거한 기준은 무의미하기 때문이다.

2010년 아이슬란드 화산이 폭발했을 때 공항에 발이 묶인 과학자들과 예술인, 기업인들은 할 일도 없는데 TED나 하자며 48시간 만에 TEDxVolcano를 개최했다. 이는 세계 최초로 개최된 가장 빠른 포럼으로 기록된다.

지구의 곳곳에서 때로는 교도소에서, 때로는 아프리카의 천 하나 걸쳐진 움막에서, 세상에 퍼뜨릴 만한 가치를 가진 생각들이 피어나고 같은 가치관을 가진 사람들이 더 많이 늘어날수록 TED의 모토는 더욱 빠르게 실현될 것이다. x는 그림에서 보듯이 TED를 이어받아 독립적으로 조직되어 개최된다는 의미가 있지만 확장을 통해 전 세계로 때와 장소에 관계없이 퍼져 나간다면 그 의미는 곱하기의 의미가 아닐까 한다.

TED Speaker들은 무대 뒤에서 등장하지 않는다. 청중석에서 일어나 등장하는 Speaker들을 바라보면서 청중과 영상을 보는 이들은 Speaker도 우리와 같은 평범한 사람 중 하나이며, '바라보고 있는 나'도 그들처럼 가치 있는 아이디어를 생각해 낼 수 있는 '한 사람'이라 생각할 것이다. 이런 희망으로 몰입하여 듣고 자신의 꿈을 위해 노력하는 사람이 늘어나면 가치 있는 아이디어와 그 기대들은 세포 분열과 유사한 확산으로 퍼져나갈 것이다. 그리고

세상은 그렇게 조금씩 조금씩 변한다.

미니멀리즘을 지향하다 · MUJI
'채울 수 있는 빈 그릇'

> 지극히 합리적인 공정을 통해 생산된 상품은 매우 간결합니다.
> 이를테면 '텅 빈 그릇'과 같은 존재로, 단순하면서도 여백이 있기 때문에
> 사람들의 다양한 생각을 받아들일 수 있는 유연함이
> 그 속에서 태어날 수 있습니다.
> — 'What is MUJI?' 중에서

1915년 러시아의 전시관 한편에 '검은 사각형'이란 제목의 유화가 전시되었다. 제목 그대로 그림은 캔버스 가운데 검은 사각형 하나만 덩그러니 그려져 있는 유화였다. 화가는 카지미르 말레비치 Kazimir Malevich.

세계 1차 대전이 발발하면서 러시아는 격변기에 접어들고 있었다. 니콜라이 2세의 무능함에 치를 떨던 사람들은 구태를 벗어나 새로운 것을 갈구하고 있었다. 러시아의 전위파 예술가들은 그들의 작품 속에서 이해할 수 있는 모든 주제를 없애버리고 아무것도 없는 '無'를 그렸다. 어쩌면 황족이나 귀족들이 향유하는 화려함으로 인해

카지미르 말레비치, 〈검은 사각형〉, 1915

복잡한 것들을 부정하고 싶었는지도 모른다. 그 중심에 카지미르 말
레비치와 그의 '검은 사각형'이란 작품이 있었다.

이해할 수 없는 작품들 앞에 선 사람들은 예술가들이 말하는 주
제가 이해되지 않으면 자신 안에 잠들어 있던 기억을 끄집어내 작품
과 함께 이야기하기 마련이다. 아무것도 없기에 자신만의 의미가 작
품에 부여되는 거다. 작품은 보는 사람과의 암묵적 상호작용을 통해

그들만의 이야기로 채워진다.

후대에 이 그림을 미니멀리즘minimalism의 효시라 칭한다.

미니멀리즘은 '최소한의'를 뜻하는 minimal에 ism주의, 주장이 합쳐진 합성어이다. 미니멀리즘은 어원대로 장식적인 기교를 최소화하고 오브제object의 본질만을 표현하면 진정한 심미審美가 된다는 의미를 간직하고 있다.

예술에서 시작한 사조는 당대에 만들어지는 물건에 영향을 끼친다. 많은 사람이 생각하게 될 것을 크리에이터들의 상상에 의해 먼저 드러나 있었는지도 모르겠다.

성능으로 경쟁하던 제품들은 기능에 기능이 얹어져 외적으로나 내적으로 복잡함을 더해 가고, 디자인으로 경쟁하던 제품들은 경쟁자 제품의 모습을 능가하는 형태를 위해 화려함을 더해 가고 있을 때 미니멀리즘을 입은 제품들은 최소한의 기능과 단순한 모습으로 등장해 차별화된 모습을 선보이곤 했다.

미니멀리즘을 지향하는 디자이너들의 외침은 'No Design'. 디자인 없이 물건 자체의 쓰임에 주목하는 것.

그렇다고 그들이 디자인을 하지 않는 것은 아니었다. 간결함 속에 심미적인 것을 함축시키기 위해서는 더 많은 노력이 필요했다.

환경의 문제가 대두되고 복잡한 정보로 유통되기 시작한 1980년대의 미니멀리즘 바람은 세계적인 화두가 되어 가고 있었고, 이런 흐름과 무관하지 않은 움직임이 일본의 유통시장에 나타나기 시작했다. 일본 제품들의 제조 공정을 간단하게 줄이고 환경에 현명하게 대처하기 위한 간결한 제품 콘셉트가 대두되기 시작한 것이다. 즉, 거품을 빼자는 것이었다.

이런 분위기 속에 일본에선 브랜드도 없앤 브랜드가 등장했다. 이름하여,

MUJI
無印良品

무지의 로고

1980년 세이부 계열의 대형 슈퍼마켓 '세이유'의 PB^Private Brand 브랜드로 출발한 무지는 무인양품의 발음에서 앞에 두 음절만 따서 소리 나는 대로 적어 영문으로 브랜드명을 만들었다. 무인양품의 '무인'의 일본 발음은 '무지루시'로 '무mu'와 '인shirushi'이 합쳐져야 무지루시mujirushi라는 발음이 나올 수 있다. 따라서 '무지'라는 브랜드명의 의미의 최소 단위는 '무인無印'이다.

무인無印은 '印'이 없다는 의미다. 인印은 도장이란 의미로 작품이나 물건 등에 만든 사람의 이름을 찍는 도장을 의미한다. '무인'은 말 그대로 '브랜드가 없다 혹은 브랜드가 아니다'라는 의미가 된다.

'브랜드가 없는 좋은 물건'이란 뜻을 가진 무인양품無印良品, 바로 MUJI이다.

무지의 디자인 철학은 'No Design'. 생산 과정은 철저하게 간소화하여 브랜드 로고 등의 각인조차도 없애 '이유가 있어서 싸다'라는 메시지를 광고에 사용하기도 했다. 디자인도 없애고 브랜드도 없애는 것으로 모든 비용을 절약하겠다는 신념을 내비친 것이다.

생활환경에 주목하는 소비자와 독특한 아이디어에 민감한 소비자들의 지지를 얻은 MUJI는 1983년에 슈퍼마켓을 벗어나 아오야마의 1호 매장에서 날개를 펼치기 시작한다.

◎ 간소화라는 조용한 속삭임

미국의 심리학자 윌리엄 제임스William James는 생각이 바뀌면 결국 운명이 바뀐다고 말했다. 마찬가지로 브랜드가 가지고 있는 정신은 브랜드의 모든 것을 바꾼다. 훌륭한 브랜드의 정신은 사람들과 접촉하는 모든 터치 포인트touch point를 바꾸어 놓기 때문이다. 터치 포인트는 제품에 대한 사용 경험부터 입소문, 광고, 웹사이트, 매장 등 브랜드가 고객과 만나 상호작용하는 모든 것을 뜻한다. 이 모든 것이 브랜드 정신에 의해 효율적으로 통제될수록 효과적인 브랜드텔링이 이루어지고 우수한 브랜드가 될 수 있는 잠재력을 갖게 된다. 각 터치 포인트까지 전달되지 않는 브랜드 정신과 브랜드의 메시지는 말뿐인 허상이 되기 십상이다.

무지는 제조 과정부터 판매 단계까지 자신들의 정신을 적용하고 이야기했다. 우선 디자인에 대해선 'No Design'을 지향한다 말한다. 이 말의 진의는 디자인을 하지 않는다는 의미는 아니다.

1580년 중반에 신조어로 등장한 'design'은 '고안하다, 선택하다, 지정하다'란 의미를 가지고 있다. 의미만으로 단순하게 해석해도 무지는 쓸데없는 부분을 생략해 가장 간단하고 단순한 고안을 선택하고 지정했다는 의미일 것이다.

후에 합류한 무지 크리에이티브 디렉터 하라 켄야原 研哉는 '무인양품의 사상을 제대로 실현하려면 오히려 수준 높은 디자인이 필요하다.'라는 말을 한다. 없애기 위해 더욱 정교하고 정제된 디자인이 필요하단 의미가 아니겠는가.

무지의 간소화 정신으로 디자인된 제품은 독특한 시각적 정체성을 만들어냈다.

제품화 간소화 과정으로 표백하지 않은 아이보리 빛깔의 종이 소재 사용과 간결한 포장의 형태로 '신선한 느낌의 순수한 제품'이라는 당시로써는 독특한 시각적 심상을 심어주었다. 자연환경을 아끼는 공정 과정의 간소화는 생활에 의해 환경을 소비하는 것에 부담감을 느끼는 소비자에게 지지를 얻어냈으며 표백하지 않은 빛깔의 소재라는 독특한 시각적 심상은 새로운 아이디어를 갈망했던 사람들에게 지지를 얻으며 무지만의 시각적 상징이 되었다.

고객의 인지를 넘어서 지지를 얻어내는 것은 정체성이 된다. 지지라는 것은 동의를 내포하고 있기 때문이다.

(좌)無印良品風行全球的秘訣 책. (우)무지 제품

무지의 간소화에 의한 시각적 정체성의 탄생은 경영자와 크리에이터의 놀라운 협업 덕분이다. 무지의 경영자 쓰쓰미 세이지堤 淸二의 간소화에 대한 의지와 디자이너 다나카 잇코田中 一光의 간소화된 미의식이 같은 비전을 향해 동등하게 협력하며 나아갔기 때문이다. 최소한의 표현에 대한 미의식은 미니멀리즘과 트렌드를 같이하며 무지만의 독특한 목소리로 말했다.

시끄럽지 않게 조용히…….

◎ 신념이 만든 스타일

브랜드명에서 무지는 브랜드가 아니라 말을 먼저 꺼낸다.

'MUJI, 無印良品'은 브랜드가 정말 없는 것일까?

1장의 '브랜드의 이름'에서 무형자산가치를 담을 수 있는 그릇이 브랜드명이라 전술했다. 브랜드가 이름을 정하고 브랜딩을 하면 브랜드와 접하는 사람들이 상호작용을 통해 '신뢰, 존경, 사랑' 등의 보이지 않는 무형자산이 쌓인다.

무지도 이 부분과 유사한 생각을 가지고 있다. 웹사이트의 'What is MUJI?'의 설명에서 무지는 '텅 빈 그릇'과 같은 존재이고 비어 있는 그곳에 사람들의 다양한 생각을 받아들이는 유연함을 간직한다고 설명하고 있다.

하라 켄야의 저서 '디자인의 디자인'에서 나온 삽화는 이 설명을

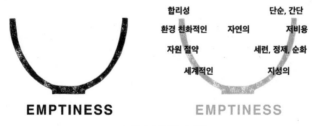

무지가 말하는 '비움'

뒷받침하고 있다.

무지는 자신들의 이야기를 다 채운 그릇을 고객에게 일방적으로 주기보다는 애용하는 사람들의 생각을 이 그릇에 채우고 싶어 한다. 많은 사람이 채울 수 있는 빈자리를 위해 상징적인 의미가 될 수 있는 브랜드명을 '브랜드가 없다'라는 말로 생략하고 싶어 한 것이다.

무지는 무형자산가치를 '무지MUJI, 無印良品'라는 브랜드명과 제품 안에 담고 싶어 하는 브랜드다.

아무것도 없지만
함께하는 사람만큼 있는 거다.

epilogue

■ 브랜드와 '나'를 이어주는 다리

◎ 씨앗 하나가

블랙은 깊은숨을 토하며 하늘을 향해 머리를 들고 있었다. 제주의 하늘을 바라보면 가슴이 트이고 머리가 맑아지기 때문이다. 블랙은 글 쓰는 사람들을 위한 새로운 블로그 형태의 매체를 기획하고 있었다.

'글 쓰는 거야 선수들이니 분명 다른 게 필요할 거야.'

작금의 블로그들은 글을 읽기도 전에 눈을 지치게 한다. 온갖 블로그가 혼란스러운 모습으로 서비스되고 있는 것이 안타까웠다.

'글꼴만이라도 정리되면 가독성이 높아질 텐데.'

블랙은 몇 날 며칠을 고민하고 또 고민했다.

자리에 돌아온 블랙은 노트북 키보드에 손을 올렸다. 그리곤 한 올한 올 뜨개질하듯이 기획서를 써 내려갔다. 고민을 하고 단어를 고쳐

쓸수록 내용은 탄탄해졌고 글 쓰는 사람들이 좋아할 만한 매체로 점점 바뀌어 가고 있었다. 블랙은 이 새로운 매체가 씨앗이 되었으면 했다. 글 쓰는 이는 글 쓸 맛이 나고 읽는 이는 읽는 재미가 쏠쏠한 매체로 작가와 독자를 이어 거대하고 무성한 나무가 될 씨앗 말이다.

'큰 나무가 되려면 탄탄한 씨앗이어야 한다.'

블랙의 기획서 끝은 탄탄한 씨앗이 뿌려져 만들어 갈 건강한 나무^{작가}와 울창한 숲^{독자}을 그려 내고 있었다.

블랙은 희미한 미소를 띠며 기획서를 써 내려갔다.

. . . .

화이트는 카페에 앉아 글을 쓰고 있었다. 그렇다고 그가 작가는 아니었다. 글을 쓰는 것을 배운 것도 아니다. 그저 자기가 알고 있는 것을 글로 남기고 싶었다. 그래서 블로그에 글을 남기고 있었지만 흔하디흔한 내용도 모양도 모두 마음에 들지 않았다. 그래도 어쩔 수 없다. 그 흔한 블로그에나마 흔적을 남길 수밖에…….

'누가 책을 내주는 것도 아닌데 이렇게라도 기록을 해야지.'

하지만 뭔가 부족했다.

멍하니 앱 스토어에 새로운 앱을 바라보고 있는데 펜촉 같은 아이콘이 휙 하니 지나갔다. 글쓰기 어플인가? 다시 한번 지나간 화면을 되짚어 보았다. 블랙의 소문자 b에 펜 모양의 아이콘이었다.

브런치
brunch

이름이 독특하단 생각을 했다. 보고 있자니 갑자기 접시에 디피되어 있는 한적한 노천카페의 브런치가 떠올랐다. 신선하고 때깔 좋은 브런치는 접시 하나에 담길 뿐이지만 아침에 가볍게 먹을 수 있는 진수성찬 아니던가. '커피 한잔과 함께 먹으면 정말 행복해지는데⋯⋯'하는 생각을 하며 카카오 브런치 앱을 살펴보고 화이트는 잠시 멍해졌다.

'어떻게⋯?'

화이트가 여타 블로그에 목말라 하던 모든 것을 다 해결하고 있었다. 미려하고 가독성 높은 글꼴이 반찬처럼 차려져 있고 사진이나 그림을 자유자재로 조정할 수 있었으며 강조하거나 요약할 수 있는 아이콘들도 있었다. 무엇보다 글을 쓰고 나면 마치 편집디자인을 한 것처럼 보여주는 것이 일품이었다.

카카오 브런치 사이트에서 글을 쓰는 것에 재미를 느낀 화이트는 그동안 썼던 글들을 정리해서 하나씩 에디터에 입력해보았다. 입력이 끝나면 앱으로 글을 읽었다.

'아, 이런……'

문제가 생겼다. 글과 사진이 멋지게 배치된 글을 읽노라니 오히려 글의 수준이 말이 아니다. 다시 써야겠다는 생각이 화이트를 사로잡았다. 게다가 이벤트 배너에 화이트를 유혹하는 문구가 있다.

당신의 글이 책으로 출간됩니다.

카카오 브런치에 쓰는 글이 책이 될 수도 있다는 문구를 보며 화이트는 가슴이 두근거리기 시작했다.

화이트는 자신의 분야에서 최고는 못되더라도 '생각 있는 전문가'라는 소리를 듣고 싶었다. 그가 글을 쓰기 시작한 이유다. 처음 쓴 글을 읽으며 잘난 척 대마왕에 엄청난 학자라도 된 양 글을 썼던 자신을 발견하고 몸서리를 쳤다.

카카오 브런치가 읽기도 편하고 보기에도 좋은 만큼 자신의 글도 거기에 맞춰 읽기 편하고 이해하기 쉽도록 쓰리라 결심했다.

화이트는 새로운 마음으로 글을 써 내려갔다. '정성이 깃든 것은 무엇이든 사람의 마음을 움직인다.'는 마음가짐으로 지식을 씨실 삼고 지혜를 날실 삼아 삼베를 짜듯이 한 문장 한 문장에 정성을 다하며 글을 썼다.

화이트는 자신의 글이 씨앗이 되어 책이라는 열매가 되는 상상을 했다. 그러려면 씨앗이 튼튼해야 한다. 쭉정이거나 약한 씨앗은 땅에서 썩거나 더 이상 자라지 못하고 죽고 만다. 싹을 틔우고 줄기가 자라 열매를 품을 수 있는 힘을 가질 수 있는 알차고 실한 씨앗을 만들어야 한다. 그런 글이어야 읽는 이의 안에서 싹을 틔우고 이윽고 새로운 씨앗이 되리라.

화이트는 의자를 고쳐 앉고 자세부터 바로 했다. 그리고 한 문장 한 문장 정성껏 카카오 브런치에 자신의 씨앗을 심어 나갔다.

·　·　·　·　·

간혹 열매만을 보는 경향이 있다. 그리고는 씨앗의 힘은 잊고 만다. 하지만 훌륭한 브랜드의 사례들을 보면 알찬 씨앗으로 출발하여 울창한 나무가 되는 사례가 대부분이다.

훌륭한 씨앗 하나가 가지는 힘이다.

브랜드텔링은 말을 전하는 기교가 아니다. 브랜드가 태초에 품고 있는 생각은 기교를 부리지 않아도 전달되기 때문이다. 블랙의 시선은 화이트 같은 이를 향하고 있었고 화이트는 블랙을 만나 이야기를 나누어 보지 않았어도 블랙의 생각을 읽을 수 있었다. 아마 화이트의 글도 시선이 향하는 이들에게 도움이 되지 않을까?

브랜드텔링은 다만 태초의 생각과 현재의 모습을 듣는 이에게 이어주는 효율적인 의사소통 방식을 찾는 방법일 뿐이다.

애플은 왜 제품이 아니라
브랜드텔링에 집중했을까?

초판 1쇄 발행 · 2018년 7월 10일
초판 2쇄 발행 · 2018년 8월 1일

지은이 · 염승선(비오)
펴낸이 · 김동하
책임편집 · 김원희

펴낸곳 · 책들의정원
출판신고 · 2015년 1월 14일 제2015-000001호
주소 · (03955) 서울시 마포구 방울내로9안길 32, 2층(망원동)
문의 · (070) 7853-8600
팩스 · (02) 6020-8601
이메일 · books-garden1@naver.com
블로그 · books-garden1.blog.me

ISBN 979-11-87604-65-5(03320)

...